编 委

郝文杰	全国民航职业教育教学指导委员会副秘书长、中国民航管理干部学院副教授
江丽容	全国民航职业教育教学指导委员会委员、国际金钥匙学院福州分院院长
林增学	桂林旅游学院旅游学院党委书记
丁永玲	武汉商学院旅游管理学院教授
史金鑫	中国民航大学乘务学院民航空保系主任
刘元超	西南航空职业技术学院空保学院院长
杨文立	上海民航职业技术学院安全员培训中心主任
范月圆	江苏航空职业技术学院航空飞行学院副院长
定 琦	郑州旅游职业学院现代服务学院副院长
黄 华	浙江育英职业技术学院航空学院副院长
王姣蓉	武汉商贸职业学院现代管理技术学院院长
毛颖善	珠海城市职业技术学院旅游管理学院副院长
黄华勇	毕节职业技术学院航空学院副院长
魏 日	江苏旅游职业学院旅游学院副院长
吴 云	上海旅游高等专科学校外语学院院长
穆广宇	三亚航空旅游职业学院民航空保系主任
田 文	中国民航大学乘务学院民航空保系讲师
汤 黎	武汉职业技术学院旅游与航空服务学院副教授
江 群	武汉职业技术学院旅游与航空服务学院副教授
汪迎春	浙江育英职业技术学院航空学院副教授
段莎琪	张家界航空工业职业技术学院副教授
王勤勤	江苏航空职业技术学院航空飞行学院副教授
覃玲媛	广西蓝天航空职业学院航空管理系主任
付 翠	河北工业职业技术大学空乘系主任
李 岳	青岛黄海学院空乘系主任
王观军	福州职业技术学院空乘系主任
王海燕	新疆职业大学空中乘务系主任
谷建云	湖南女子学院管理学院副教授
牛晓斐	湖南女子学院管理学院讲师

高等职业学校"十四五"规划民航服务类系列教材

航空安全员徒手格斗与控防

顾　问◎	王雨村	中国南方航空股份公司保卫部副部长
主　审◎	马学智	北京体育大学中国武术学院院长
主　编◎	胡　飞	中国民航大学
副主编◎	刘元超	四川西南航空职业学院空保学院院长
	杨文立	上海民航职业技术学院安全员培训中心主任
	史金鑫	中国民航大学乘务学院民航空保系主任
	韩　玉	蚌埠市体育中学科研所主任
	穆广宇	三亚航空旅游职业学院民航空保系主任
	马　超	中国国际航空公司航空安全员公安部警务实战教官

华中科技大学出版社
http://press.hust.edu.cn
中国·武汉

内 容 提 要

本教材共八章,分别为学练指引、基本常识、训练原则、基础训练、基本技术、技术训练、心理训练以及损伤预防和简易处理。本教材的学习重点为第五章和第六章,主要涉及的是航空安全员徒手格斗与控防的基本技术及其训练,通过这两章的学习,学生将对进攻技术、防守技术、进攻组合技术、脱离与反制技术以及主动控制技术均有更加深入的了解,相应能力也会有一定程度的提升,为日后机上特情的成功处理奠定坚实基础。

本教材主要用于航空安全保卫专业学生(亦可作为高铁、公交等相关保卫专业学生)的徒手格斗与控防能力养成以及为成熟安全员的技能规范与提高提供一定的参考。

图书在版编目(CIP)数据

航空安全员徒手格斗与控防/胡飞主编. —武汉:华中科技大学出版社,2021.3(2023.6 重印)
ISBN 978-7-5680-6930-4

Ⅰ.①航… Ⅱ.①胡… Ⅲ.①民用航空-航空安全-保安人员-格斗 ②民用航空-航空安全-保安人员-防身术 Ⅳ.①F560.69 ②G852.4

中国版本图书馆 CIP 数据核字(2021)第 027928 号

航空安全员徒手格斗与控防 胡 飞 主编
Hangkong Anquanyuan Tushou Gedou yu Kongfang

策划编辑:胡弘扬	
责任编辑:李家乐	
封面设计:廖亚萍	
责任校对:张会军	
责任监印:周治超	
出版发行:华中科技大学出版社(中国·武汉)	电话:(027)81321913
武汉市东湖新技术开发区华工科技园	邮编:430223
录　　排:华中科技大学惠友文印中心	
印　　刷:武汉科源印刷设计有限公司	
开　　本:787mm×1092mm　1/16	
印　　张:9.5　插页:2	
字　　数:238 千字	
版　　次:2023 年 6 月第 1 版第 2 次印刷	
定　　价:49.80 元	

本书若有印装质量问题,请向出版社营销中心调换
全国免费服务热线:400-6679-118　竭诚为您服务
版权所有　侵权必究

PREFACE
序

近年来,我国空防安全形势持续平稳,这得益于安保战线广大同仁的不懈努力。为防患于未然,我们仍需不断地固本强基,深化"红线意识"和"底线思维",共同践行"三个敬畏"精神,切实做好各项基础工作,尤其作为安保训练工作者,深感训练工作的重要。"练为战"是不能忘记的训练方针;"打胜仗"是训练追求的核心目标;"磨利刃"是永不能丢的实在举措;"求创新"是我们引入新理念、锻造新思想的永不枯竭的精神源泉。

训练的目标是为了安全,提到安全,有人会说,安全是火,点燃了生命之灯;安全是灯,照亮了生命之路;安全是路,引导生命走向新的辉煌。安全的起始点在于人的行为,落脚点归于专业的训练。一本专业的训练教材是学习者形成个体良好行为规范的开始,也是教师教与学生学之间的有效载体,可以使学生在学习之前对所需学习的内容有一个初期印象,也可以使学生在训练后对所学技术动作有更好的回顾与加强,引导学生学会独立思考和加强自我锤炼。

作者通过收集大量素材和教学案例,潜心研究编撰了《航空安全员徒手格斗与控防》教材,该教材通过文、图、视频的多维度展示,灵活开展各种不同的格斗与控制技法的教学,针对性强、概括性高、条理清晰、通俗易懂,让学生学习后对技术动作能有更深层次的理解,掌握更多客舱突发事件的应急处理方法和技巧,是不多见的民航空中安全保卫专业技能类的三维立体化教材。

中国民航空中警察总队十支队　刘洪生

PREFACE
前言

《航空安全员徒手格斗与控防》一书是航空安全保卫人员依据《中华人民共和国民用航空安全保卫条例》，在机长领导下，承担安全保卫的具体工作以及对机上出现扰乱行为和非法干扰行为的人员进行快速有效防护与控制的实用书籍。2012年6月29日发生了中国民航历史上最为严重的一次劫机事件，机上六名伪装成乘客模样的恐怖分子利用随身携带的可拆卸式拐杖对已经暴露的航空安全保卫人员进行攻击，意图通过击倒安全保卫人员随后进入驾驶舱控制整架飞机，最终达到其不法目的。幸而在两名航空安全保卫人员和机上旅客的共同努力下，事态得以成功控制。假如我们的航空安全保卫人员没有足够的勇气和一定的航空安全员徒手格斗与控防能力来进行特情事件的处理，那结果又会怎样呢？必然是不可想象的。

在物质环境日益发达的现代社会，飞机已然成为大众远距离出行交通工具的不二之选，近几年的数据表明，空防安全的威胁已成为影响民航快速发展的重要因素。作为航空安全保卫专业的学生，在校期间若可以掌握扎实的航空安全员徒手格斗与控防技能，则可以为制止违法犯罪行为、控制违法犯罪分子并且在实际情况下根据当时的不同情境进行航空安全员徒手格斗与控防技术的灵活运用，为保护人机安全提供基础，为大众平安和谐的出行提供保障。

CONTENTS 目录

第一章　航空安全员徒手格斗与控防的学练指引 ⋯⋯⋯ 1
　第一节　学练的前提（安全位置的保持） ⋯⋯⋯ 1
　第二节　学练的要求 ⋯⋯⋯ 2
　第三节　学练的意义 ⋯⋯⋯ 2

第二章　航空安全员徒手格斗与控防的基本常识 ⋯⋯⋯ 4
　第一节　人体运动基础知识与要害 ⋯⋯⋯ 4
　第二节　人体要害部位的攻击方法及后果 ⋯⋯⋯ 8

第三章　航空安全员徒手格斗与控防的训练原则 ⋯⋯⋯ 11
　第一节　遵循动作技能的形成原则 ⋯⋯⋯ 11
　第二节　循序渐进原则 ⋯⋯⋯ 12
　第三节　适宜负荷原则 ⋯⋯⋯ 13
　第四节　区别对待原则 ⋯⋯⋯ 13

第四章　航空安全员徒手格斗与控防的基础训练 ⋯⋯⋯ 15
　第一节　热身环节 ⋯⋯⋯ 15
　第二节　航空安全员徒手格斗与控防体能训练 ⋯⋯⋯ 21
　第三节　失衡保护 ⋯⋯⋯ 32

第五章　航空安全员徒手格斗与控防的基本技术 ⋯⋯⋯ 38
　第一节　进攻技术 ⋯⋯⋯ 38
　第二节　防守技术 ⋯⋯⋯ 59
　第三节　进攻组合技术 ⋯⋯⋯ 65
　第四节　脱离与反制技术 ⋯⋯⋯ 89
　第五节　主动控制技术 ⋯⋯⋯ 103

第六章　航空安全员徒手格斗与控防的技术训练 …… 117

　　第一节　航空安全员徒手格斗与控防的技术形成机制 …… 117
　　第二节　航空安全员徒手格斗与控防的技术训练方法 …… 117
　　第三节　航空安全员徒手格斗与控防技术训练的具体实施手段 … 118
　　第四节　航空安全员徒手格斗与控防技术的运用特征 …… 119

第七章　航空安全员徒手格斗与控防的心理训练 …… 120

　　第一节　航空安全员徒手格斗与控防的心理训练方法 …… 120
　　第二节　克服航空安全员徒手格斗与控防过程中
　　　　　　常见心理问题的方法 …… 121

第八章　航空安全员徒手格斗与控防的损伤预防和简易处理 …… 124

　　第一节　损伤预防 …… 124
　　第二节　损伤的简易处理方法 …… 126

附录　处置机上违法犯罪行为的相关法律法规 …… 128

　　《中华人民共和国民用航空安全保卫条例》…… 128
　　《公共航空旅客运输飞行中安全保卫工作规则》…… 133
　　《航空安全员合格审定规则》…… 140

主要参考文献 …… 145

第一章 航空安全员徒手格斗与控防的学练指引

知识目标
①了解学练的前提。
②了解学练的要求。
③正确认识学练的意义。

能力目标
通过本章的学习能准确掌握安全距离的保持以及能够严格按照学练的要求进行技术的练习。

情感目标
激发学生对于学习徒手格斗与控防的兴趣。

航空安全员徒手格斗与控防是当事人在面对违法犯罪行为即将发生、事态即将升级或是违法犯罪行为正在发生时处理方式、方法和手段的运用。其目的就是防止事态的升级，使对手失去反抗能力或是行为能力，并被我方牢牢控制。作为保护人机安全的航空安保卫人员，其在航空安全员徒手格斗与控防的学习过程中首先必须明确该技能使用的前提、要求以及意义。

第一节 学练的前提（安全位置的保持）

航空安全员作为航空器中被机长授权的执法人员，不管是在事件还未升级之前还是扰乱和非法干扰事件发生时都往往会被作为首要攻击的目标，在这种瞬息万变的情境下，如何在保证自身安全的前提下合理合法地对事件进行处置便显得尤为重要。

扰乱行为发生时，航空安全员在与扰乱行为发起人进行沟通时，由于行为人本身的不确定性，如是否精神正常、是否意识清醒、是否具有攻击性，这个时候与行为人进行沟通的距离必须保持在一个合理安全的范围之内，否则稍不注意便会被行为人直接攻击，使得自己丧失战斗力，进而让客舱安全失去保障，对飞行安全失去控制。

非法干扰行为发生时，航空安全员立即投入事件的处置过程并与不法行为人进行对抗，这时如果航空安全员对什么位置是有利的、什么位置是有危险的没有一定的认知，就会失去更加有利的处理位置与姿态。这样便不利于非法干扰事件的成功处理。

一般情况下，安全距离为1.5米左右，因为这个距离犯罪行为人或者精神失常者不能通过出拳或出腿而直接攻击到航空安全员,假如在谈判或交流过程中行为人发起了攻击,保持这样的一个安全距离,航空安全员便会有足够的反应时间来进行防卫进而采取进一步的反击。

第二节　学练的要求

一、遵循法律规定

航空安全员在执勤活动中涉及的徒手格斗与控制针对的是机上涉嫌违法、犯罪的行为人,此项活动需要在法律法规的约束下进行。航空安全员在采取管束措施和其他强制措施时不可超过必要的限度以造成不应有的损害,否则将承担民事责任、行政责任,甚至刑事责任。

二、安全性原则

安全包括航空安全员自身的安全、无关乘客的安全以及行为人的相对安全。在事件处理的过程中,航空安全员应保持应有的警惕,以防止行为人进行突发攻击,也需要对控制技术进行合理的运用从而避免不必要的伤亡。

三、灵活多变原则

不同的对象、不同的暴力程度、不同的现场情形、不同的反抗手段以及不同的危害程度都要求航空安全员能够灵活进行处置。航空安全员的职责是平息事件、控制事态,让其往好的方向发展而不是为了粗暴执法从而激化矛盾。

第三节　学练的意义

一、提高航空安全员的风险管控与安全意识

航空安全员徒手格斗与控防课程中会有大量的情景模拟练习,如不同性格、不同性别、不同身体强壮程度以及不同精神状况的乘客进行扰乱和非法干扰行为的模拟,以此提高学生的灵活处置能力以及不同情况下的安全与风险管控的意识。

二、掌握控制行为人的重要手段

通过航空安全员徒手格斗与控防课程的学习,学生能够掌握远距离、近距离以及贴身等不同情况下的航空安全员徒手格斗与控防手段,为学生今后的工作提供强大的事件处理自信心。

第二章 航空安全员徒手格斗与控防的基本常识

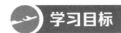 学习目标

知识目标
① 了解人体骨骼与肌肉的构成以及要害部位的分布。
② 正确认识针对要害部位的攻击方法。

能力目标
通过本章的学习能熟练运用攻击方法对要害部位进行攻击。

情感目标
激发学生对于人体构造的兴趣。

 ## 第一节 人体运动基础知识与要害

一、人体骨骼与肌肉分布

成人骨骼共有 206 块,数目有可能因人而异,但大体如此。人体骨骼按其所在部位分为颅骨、躯干骨和四肢骨,学生在学习过程中只有对人体骨骼构造和不同肌肉功能有一定的了解之后才能用更加有效的技法应对,从而达到控制行为人的目的。图 2-1、图 2-2 分别为人体骨骼分布图和人体肌肉分布图。

二、人体要害部位

航空安全保卫专业的学生在今后的执勤过程中或是在日常生活中面对不法分子时,为了更快地达到解决问题、控制行为人的目的,要加强对人体要害部位的了解。图 2-3 所示为人体要害部位与要害神经点。

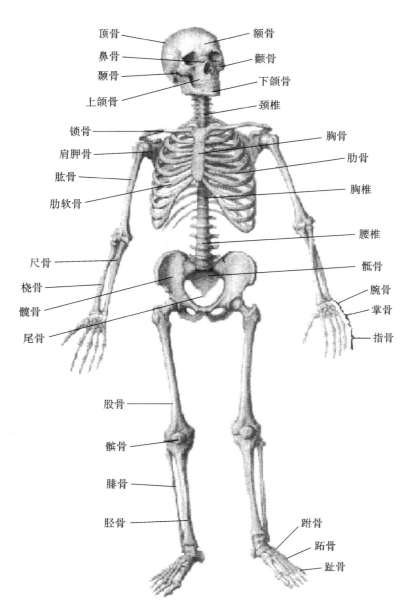

图 2-1　人体骨骼分布图

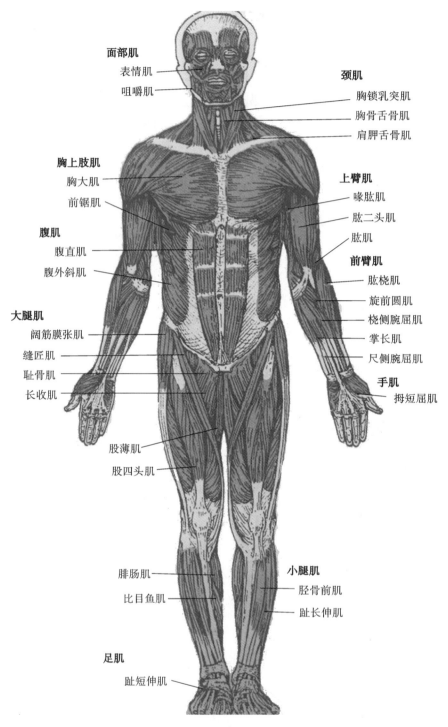

图 2-2 人体肌肉分布图

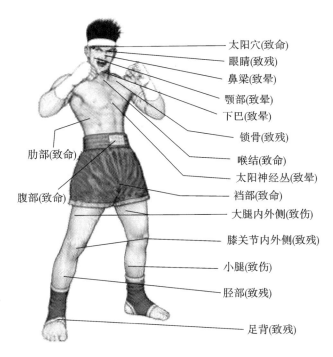

(a) 要害部位

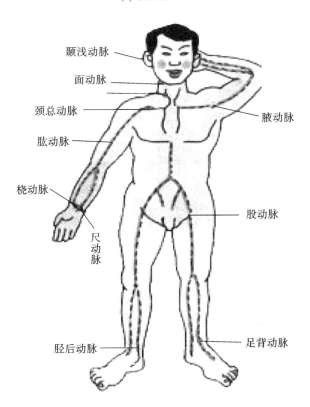

(b) 要害神经点

图 2-3　人体要害部位与要害神经点

第二节 人体要害部位的攻击方法及后果

一、头部

头部包括人体的五官和大脑,是人体的信息接收和传输的中心,也是日常环境中人体毫无遮挡、暴露最为突出且最易受到攻击的部位。其要害主要有眼睛、太阳穴、鼻子、耳朵和后脑。在遭受暴力攻击后往往会造成脑震荡、部位损伤以及致残的严重后果。

(一)眼睛

眼睛是人体的视觉器官,而视力的强弱则直接影响着人体的平衡能力以及反应能力。当眼部遭受到手指或棍状物直插式的强力攻击时,轻者暂时丧失战斗能力,重者失明或者心脏骤停。

(二)太阳穴

太阳穴位于眼睛后侧耳朵的上方,在整个头部位置中其强硬程度偏低,在遭受拳法或者其他攻击物的横向攻击时极易造成昏迷、骨折以及颅内血肿等症状。

(三)鼻子

鼻子位于面部的正中央的位置,而且是最突出的那部分,所以在现实情况中其遭受攻击的可能性大大增加。再者,鼻骨的脆弱特性使得其在遭受拳头、腿部或是其他攻击物的攻击时极易出血和骨折,重者还会脑震荡。

(四)耳朵

耳朵是人体的听觉器官,连接着耳蜗,其在遭受攻击时会出现耳鸣、眩晕以及脑震荡等症状。

(五)后脑

后脑作为搏击比赛中被明令禁止击打的部位,由此可见其构造本身的脆弱性以及遭受击打后其后果的严重性。后脑在遭受了拳头、肘部等强力攻击后会造成眩晕、休克以及致命的后果。

二、颈部

颈部是人体中连接头部与躯干的重要部位,包括咽喉、颈动脉以及七节颈椎,是人体的呼吸通道、神经通道以及重要的血液循环通道。

(一)咽喉

咽喉位于颈的正前方,是人体用于发声和呼吸的器官,当外力对其进行击打或者锁扣将会限制其相应的功能,轻则呼吸不畅,重则窒息死亡。图 2-4 所示为咽喉构造图。

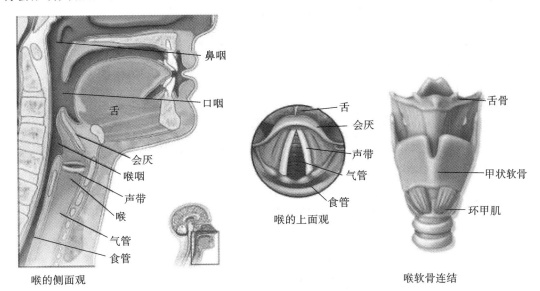

图 2-4　咽喉构造图

(二)颈动脉

颈动脉位于颈部两侧,左右各一,是人体的血液供应通道。当颈动脉遭受压迫时,大脑供血不足,达到一定时限(大于 10 秒钟)则会出现休克甚至死亡。若颈动脉被利器割断则会血流不止,抢救难度较大。图 2-5 所示为颈动脉结构图。

(三)颈椎

颈椎位于颈部的正后方,由七块颈椎骨构成,椎管中有大量的神经线通过。当其遭受强力击打或者是扭转的时候会伤及中枢神经,从而引起昏迷,更有甚者直接死亡。图 2-6 所示为颈椎构造图。

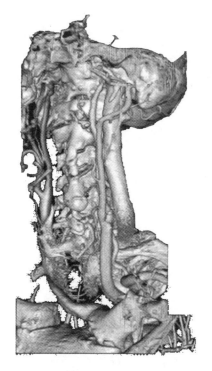

图 2-5 颈动脉结构图

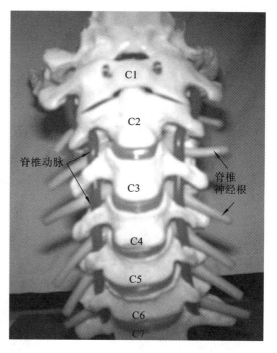

图 2-6 颈椎构造图

三、裆部

裆部是人身体中神经最为密集的部位,其敏感性最强。当其遭受暴力攻击时,其损伤后果具有不可逆性,故而在搏击比赛或是综合格斗的对抗赛中,裆部都是明确的禁击部位。在现实生活中裆部易被踢击、膝击、拍打、抓捏……在遭受强力攻击时会引起肿胀、疼痛性休克或死亡。

第三章 航空安全员徒手格斗与控防的训练原则

- **知识目标**
  了解技能形成需要经历的过程以及科学训练的程序。
- **能力目标**
  通过本章的学习可以更加有效地提升自身技能。
- **情感目标**
  激发学生对于科学训练的敬畏而不是将训练简单理解成盲目的练习。

航空安全员徒手格斗与控防的训练原则是指在其训练过程中为了减少训练损伤、提高训练效率所必须遵守的训练要求。

第一节 遵循动作技能的形成原则

当特情发生必须由航空安全员出面解决时,能否将不同情境下的徒手格斗与控防技术进行针对性的应用主要取决于其平时在训练过程中是否有目的、有组织、反复地进行了动作技能练习,最后将动作模式固定下来,达到动作自动化的程度。因此,为了更好地掌握航空安全员徒手格斗与控防技能,在技能学习过程中需要遵循以下规律和特点。

一、动作感性认知阶段

学习任何一个动作的初期,通过教师的讲解和示范以及自己的实践,都只能获得一种感性认识,而对动作技能的内在规律并不能完全理解。由于人体内外界的刺激,本体感觉传到大脑皮质,引起大脑皮质细胞强烈兴奋,另外因为皮质内抑制尚未确立,所以大脑皮质中的兴奋与抑制呈现出扩散状态,使条件反射暂时联系不稳定,出现泛化现象。这个过程表现在肌肉的外表活动往往是动作僵硬、不协调,不该收缩的肌肉收缩,出现多余动作,而且做动作很费力。这些现象都是大脑皮质细胞兴奋扩散的结果。在此过程中,教师应该针对动作的主要环节和学生掌握动作过程中存在的主要问题进行教学,不应过多强调动作细节,而应以正确的示范和简练的讲解帮助学生掌握动作。

二、粗略掌握动作阶段

在不断练习的过程中,学生对航空安全员徒手格斗与控防技能的内在规律有了初步的理解,一些不协调的动作逐渐得以调整,多余的动作也逐渐消除。此时,大脑皮质运动中枢兴奋和抑制过程逐渐集中,由于抑制过程加强,特别是分化抑制得到发展,大脑皮质的活动由泛化阶段进入分化阶段。因此,练习过程中的大部分错误动作得到纠正,能比较顺利和连贯地完成完整动作。这时初步建立了动力定型,但定型尚不稳固,遇到新异刺激时,多余动作和错误动作还会重新出现,在此过程中学生应特别注意错误动作的纠正,让自己不断地去体验动作的细节,促进分化抑制的进一步发展,使动作更趋准确。

三、改善动作细节阶段

通过进一步的反复练习,运动条件反射系统已经稳固,练习过程进入改善动作细节阶段,大脑皮质的兴奋和抑制在时间和空间上更加集中和精确。

进入该阶段后我们的训练要求是不断消除错误和多余动作,改进动作细节,不断提高动作协调性和节奏感,力求使动作变得协调、轻快和熟练。具体表现是首先要加强动作各环节之间的练习,并把粗略掌握动作阶段所获得的感性认知和体验上升到理性认知,形成正确的动作概念。其次以完整动作练习为主,如遇动作的难点和重点可适当采取分解练习,以纠正错误动作。学生建立了完整的动作概念并在反复实践中对动作有了体会,因而具备一定的概括能力。这时精炼、准确的语言可以起到代替示范等具体信号的作用。最后是进一步提高动作的精度,采用加难训练法,以利于建立更精细的分化抑制。比如,在基本掌握航空安全员徒手格斗与控防技术的基础上,进行适当的对抗练习,使得练习者在有外界干扰的情况下进行正确动作的实施,以提高其熟练运用技术的能力。

四、动作自动化阶段

所谓自动化是指进行技术动作的练习时,面对突如其来的外界刺激学生可以在无意识的情况下进行动作的运用。其特征是对整个动作或者对动作的某些细节的运用完全是不假思索的。就像人在走路之前不需要先思考其到底是先出左脚还是先出右脚一样,又如职业篮球运动员在篮球比赛时,运球往往也能达到动作自动化的程度。

第二节 循序渐进原则

循序渐进原则是指对训练内容、训练强度都要由简至难、由弱至强逐步实施和练习的训练原则。运动训练本身就是一个长期训练积累的过程,需要不断增加运动负荷量和强度,然后进一步提高航空安全员徒手格斗与控防技能。

人的机体对运动负荷的生物适应能力很强,这种适应包括各系统、器官、组织对运动负荷的适应。机体对一次适宜运动负荷量的反应可分为：练习、疲劳、恢复、超量恢复和训练效果消失几个阶段，长期进行循序渐进的训练可以促使各种运动能力不断提高。如果训练过程中断，则形成的运动技能和各器官、系统以及组织的机能又会逐步消退。

第三节　适宜负荷原则

适宜负荷原则是指根据航空安全员徒手格斗与控防的对抗能力需要，从其自身的实际和人体机能的适应规律出发，在课堂训练中给予其适宜的负荷，以取得理想训练效果的训练原则。在课堂训练过程中给予适宜负荷的训练，机体会产生生物适应现象，但运动量或强度过大则有出现损伤的风险。而过小的运动量或者强度又很难对机体产生刺激，从而达不到训练效果。

实践证明，在适当范围内，负荷量越大，则对机体的刺激越深，机体引发的应激反应越强烈，机体产生的适应性变化越明显，人体竞技能力的提高也就越快。但是如果运动负荷超出最大承受能力时，则机体会出现不适应症状，表现为：消化功能紊乱、扁桃体淋巴结肿大、关节非受伤肿痛、体重慢性下降、肌肉紧张、疲惫失眠等。这时必须采取措施，使机体及时得到充分恢复，消除疲劳，否则就会进一步发展成会过度疲劳并对航空安全员身体造成损害，健康状况和体能明显下降，引发运动损伤。

航空安全员徒手格斗与控防课程的负荷包括量和强度两部分，分别代表对机体刺激的量的多少和强度的大小。具体指标包括练习时间的长短、所学内容的多少以及练习的次数等。

练习时间的长短是指一堂训练课练习时间的长短，以及中间是否安排有训练间歇，如若没有合适的间歇则会产生过度疲劳从而使得动作变形而本末倒置。

所学内容的多少则表示一堂训练课新授内容的多少，如新授内容过多则学员很难掌握，不利于其对动作的进一步消化吸收。

练习的次数是指训练中重复练习的数量。航空安全员徒手格斗与控防课程练习中可以用完成某一动作、动作组合等来表示。俗话说"拳练千遍其法自现"就是对练习次数重要性的表示。

第四节　区别对待原则

区别对待原则是指对于不同专项、不同运动员、不同的训练状态、不同的训练任务及不同的训练条件，都应有区别地组织安排各自相应的训练过程，选择相应的训练过程，选择相应的训练内容，给予相应的训练负荷的训练原则。

航空安全员徒手格斗与控防实践课程训练本身所具有的多样性和多变性特点，决定了我们在贯彻区别对待原则时需要考虑多方面的因素，其中的主要因素集中在训练对象和训练条件这两个方面上。

一、训练对象

每个训练对象虽然都是经过了统一的面试而进入这个专业当中的,但是还是会存在一定的差异,比如形态特点、气质类型以及训练特征等。形态特点主要分为瘦弱型与强壮型两个方面,不同类型学员对学习技能均有不同的体验,学员须合理利用好自身优势。气质类型受制于家庭状况、生活习惯以及文化水平等,有的学员直观反馈能力较强,而有的学员理解能力较强,因此须通过自身更易接受的学习方式进行技术的学习。训练特征主要是指训练年限和接收负荷的能力这两个方面,了解之后才能合理安排好自身训练内容的多少与负荷强弱。

二、训练条件

航空安全员徒手格斗与控防课程的学习需要根据不同学期而进行不同的内容以及强度的调整。因为不同学期、不同阶段的学员都有可能会有不同的特点,这时便需要根据学员自身的特点而进行相应的调整,场地、气候、同伴和环境等也是贯彻区别对待原则所必须考虑的因素。

第四章 航空安全员徒手格斗与控防的基础训练

 学习目标

○ 知识目标
①了解如何快速地让身体肌肉激活,增强其关节灵活度。
②了解徒手格斗与控防所需要的一般体能和专项体能以及基本的自我保护方法。
○ 能力目标
通过本章的学习学生能准确掌握专项准备活动的操作方法以及自我保护方法。
○ 情感目标
通过对一般准备活动和专项准备活动的学习,进一步增强学生的安全意识。

航空安全员徒手格斗与控防的基础训练是指课程准备部分的热身环节以及为在正式训练过程中防止或减少损伤发生,或损伤发生时尽可能地减轻伤害程度而进行的一些专门性的训练。

 第一节 热身环节

热身活动是训练的重要组成部分,它可以增加机体核心温度、扩大关节活动度,从而降低损伤出现的风险系数直至避免运动损伤的发生。热身活动还可以促进血液流量从而大大增加机体承受运动量的强度。

一、全身运动

(一)预备姿势

两脚开立,略比肩宽,双手自然置于体侧,眼睛平视前方。

(二)动作过程(见图 4-1)

第一个八拍:
第一拍:双臂伸直,后仰展腰,拉伸前链肌群。

第二拍:俯身向前,用手掌去接触地面,对身体后链肌群进行一定拉伸。

第三拍:两手由掌变拳并且俯身用拳面去接触地面,对身体后链肌群进行进一步拉伸。

第四拍:两手由拳变掌且双手叉腰后仰,对身体前链肌群进行进一步的拉伸。

第五、六、七、八拍重复第一、二、三、四拍的动作。

第二、三、四个八拍动作同第一个八拍的动作。

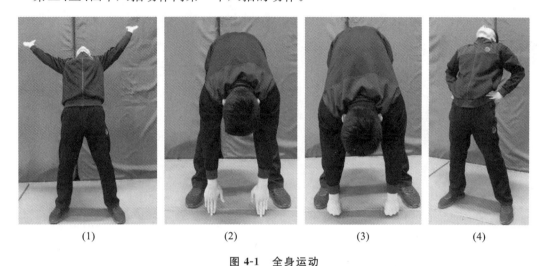

(1)　　　　　　(2)　　　　　　(3)　　　　　　(4)

图 4-1　全身运动

二、最伟大伸展

(一)预备姿势

两脚自然开立,与肩同宽,两手置于体侧,眼睛平视前方。

(二)动作过程(见图4-2)

第一个八拍:

第一至二拍:右腿提膝上抬,勾脚尖,两手由两侧向小腿胫骨位置环抱并向腰腹部靠近,对右侧大腿及臀部肌肉进行拉伸。

第三至四拍:右脚向前跨步落地成弓步,两手按压大腿位置弹震式地向下振动两次,对腿部肌肉进行进一步的拉伸。

第五至六拍:左手撑地,右手屈肘用肘尖位置去接触地面,且连续进行两次,对身体躯干进行一定的拉伸。

第七至八拍:右手伸直由下向上进行连续两次转体,对腰、腹、胸椎以及肩关节进行相应的拉伸。

第二个八拍:

第一至二拍:左腿提膝上抬,勾脚尖,两手由两侧向小腿胫骨位置环抱并向腰腹部靠近,对左侧大腿及臀部肌肉进行拉伸。

第三至四拍：左脚向前跨步落地成弓步，两手按压大腿位置弹震式地向下振动两次，对腿部肌肉进行进一步的拉伸。

第五至六拍：右手撑地，左手屈肘用肘尖位置去接触地面，且连续进行两次，对身体躯干进行一定的拉伸。

第七至八拍：左手伸直由下向上进行连续两次转体，对腰、腹、胸椎以及肩关节进行相应的拉伸。

第三个八拍：同第一个八拍。

第四个八拍：同第二个八拍。

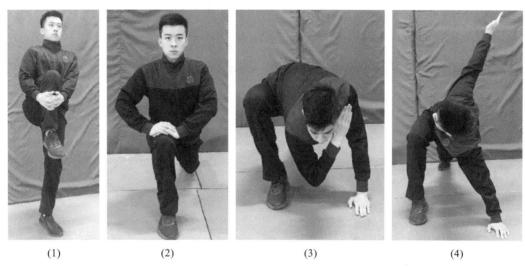

(1)　　　　　　　(2)　　　　　　　(3)　　　　　　　(4)

图 4-2　最伟大伸展

三、头颈运动

（一）预备姿势

两脚开立成跨步姿势，两手叉于腰部，眼睛平视前方。

（二）动作过程（见图 4-3）

第一个八拍：头部向左侧旋转至极限并停止八拍。对右侧胸锁乳突肌及附近肌群进行一定的拉伸。

第二个八拍：头部转向右侧至极限并停止八拍。对左侧胸锁乳突肌及附近肌群进行一定的拉伸。

第三个八拍：头部向下低头至极限并停止八拍，对颈部肌肉进行相应的拉伸。

第四个八拍：头部后仰至极限并停止八拍，对颈部及下颚进行拉伸。

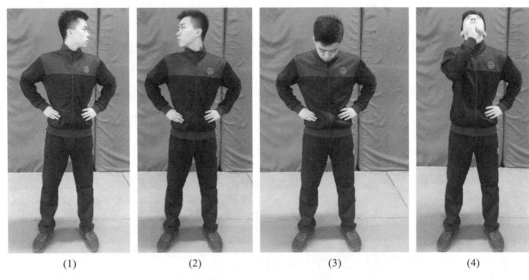

(1)　　　　　(2)　　　　　(3)　　　　　(4)

图 4-3　头颈运动

四、手臂折腕伸展

（一）预备姿势

两脚自然开立,与肩同宽,两手置于体侧,眼睛平视前方。

（二）动作过程（见图 4-4）

第一至二个八拍:左手指尖朝下并向前伸直,右手抓握其除大拇指之外的四指并用力回拉两个八拍,对左手腕及前臂进行一定的拉伸。

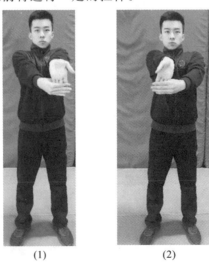

(1)　　　　　(2)

图 4-4　手臂折腕伸展

第三至四个八拍：右手指尖朝下并向前伸直，左手抓握其除大拇指之外的四指用力并回拉两个八拍，对右手腕及前臂进行一定的拉伸。

五、卷腕抗阻

（一）预备姿势

两脚自然开立，与肩同宽，两手置于体侧，眼睛平视前方。

（二）动作过程（见图 4-5）

第一至二个八拍：左手屈肘（肘尖朝下）回拉至胸口处，且前臂外旋至极限，右手屈肘对左手手掌进行抓握（大拇指对左手背进行按压，其余四指对左手大鱼际进行抓握），持续按压两个八拍。通过静力性对抗对手腕关节进行激活。

第三至四个八拍：右手屈肘（肘尖朝下）回拉至胸口处，且前臂外旋至极限，左手屈肘对右手手掌进行抓握（大拇指对右手背进行按压，其余四指对右手大鱼际进行抓握），持续按压两个八拍。通过静力性对抗对手腕关节进行激活。

(1)　　　　　　(2)

图 4-5　卷腕抗阻

六、跪姿前倒（3 次）

（一）预备姿势（见图 4-6）

身体成跪姿直立状态。

(二)动作过程(见图 4-7)

从预备姿势开始整个上体直立前倒,在倒地的一刹那两手屈肘,用前臂和手掌同时去接触地面,着地的同时两脚发力,膝关节停滞,整个身体成一个平板状。通过跪姿前倒与地面的动态对抗对肩、肘关节进行激活。

图 4-6　跪姿前倒预备姿势

图 4-7　跪姿前倒

七、跪姿跳起(5 次)

(一)预备姿势(见图 4-8)

跪姿状态,脚背着地,臀部坐在脚后跟上。

(二)动作过程(见图 4-9)

从预备姿势开始,两手后摆,臀部挺髋积极发力,当两手后摆至自然状态下的最后位置时屈肘上摆,整个身体跳起成站立位。通过髋、膝、踝三关节的伸展使下肢各关节得到激活,为基本部分的运动量和强度做准备。

八、开合跳

(一)预备姿势

两脚开立,略比肩宽,双手自然下垂置于身体两侧。

图 4-8 跪姿跳起预备姿势

图 4-9 跪姿跳起

（二）动作过程（见图 4-10）

第一个八拍：

从预备姿势开始：①两脚开立，两手迅速上抬成侧平举；②两脚并拢，两手快速下降成预备式；③两脚开立，两手上抬至头顶进行击掌；④两脚并拢，两手下降恢复至预备状态；⑤两脚开立，两手迅速上抬成侧平举；⑥两脚并拢，两手快速下降成预备式；⑦两脚开立，两手上抬至头顶进行击掌；⑧两脚并拢，两手下降恢复至预备状态。

第二、三、四个八拍同第一个八拍。

(1)   (2)   (3)   (4)

图 4-10 开合跳

第二节 航空安全员徒手格斗与控防体能训练

体能是指机体的基本运动能力，是航空安全保卫人员在对抗过程中是否能够占据上风的关键因素。而体能是由身体形态、身体机能和运动素质组成,它们相互独立又有着密切的联系,彼此制约,相互影响。这三个构成要素之中运动素质由力量、速度、耐力、柔韧和灵敏组成,是体能的外在表现形式,所以在航空安全员徒手格斗与控防课程中辅助发展各种运动素质为身体训练的基本内容。

航空安全员徒手格斗与控防体能训练分为一般体能训练和专项体能训练。

一、一般体能训练

一般体能训练是指采用航空安全员徒手格斗与控防非专项技术以改善基本身体形态、提高身体机能、促进身体全面发展的训练。

(一) 力量素质训练

力量素质是人体神经肌肉系统在工作时克服和对抗阻力的能力,依据航空安全员徒手格斗与控防过程本身所需力量的特点,可主要分为最大力量训练、爆发力训练和力量训练。

1. 最大力量训练负荷量度的确定

1) 负荷强度

美国体能协会最新公布的研究数据表明,运动员最大力量的训练强度一般应控制为大于或等于85%。而且训练过程应该遵循循序渐进原则,不能刚开始训练就安排100%强度的训练,此外在进行最大力量训练的过程中需要适当穿插一些小强度的训练,因为这样可以有效预防肌肉疲劳而不会让训练效果大打折扣。

2) 负荷量

一次训练的效果与目标重复次数与组数有着很大的关系,在最大力量的训练过程中目标重复组数的设定通常为小于或等于6,而训练组数的设定则处于2至6之间。这样负荷量的设定较有利于训练效果的凸显。

3) 组间间歇时间

美国体能协会最新公布的研究数据表明,最大力量的训练间歇时间原则上应控制在2—5分钟。其中,训练时间越短的学生需要休息的时间越长,训练经验越丰富的学生其休息时间则越短。而且下肢训练比上肢训练需要多1.5倍的休息时间。

2. 爆发力训练负荷量度的确定

爆发力是快速力量的一种,是在面对特情时动作实施快慢和打击力量的一种综合表现,是航空安全员徒手格斗与控防中很重要的力量素质。爆发力分为单次爆发和多次爆发,其负荷量度安排如下。

1) 负荷强度

爆发力一般采用的强度区间为75%—90%,其中单次爆发的强度为80%—90%,多次爆发为75%—85%。

2) 负荷量

一次训练的效果与目标重复次数与组数有着很大的关系,而且爆发力训练的目标重复次数和组数与绝对力量的训练略有不同,因为爆发力不但要求力量还要求速度,因而在重复次数的设定时一般设定为单次爆发1—2次,多次爆发3—5次,而组数设定不管是单次爆发还是多次爆发都设定为3—5组,这样负荷量度的设定更有利于训练效果的凸显。

3) 间歇时间

间歇时间应以保证运动员工作能力完全恢复为原则,但也不宜过长,否则会使中枢神经系统的兴奋性明显下降,不利于下一组训练。具体的间歇时间与工作量大小、运动员恢复能力有关,一般来说,针对爆发力训练的休息时长可设定为2—5分钟。

3. 力量训练的基本要求

(1) 注意不同肌群力量的对应发展。根据航空安全员徒手格斗与控防专项的需要,在发展核心力量的同时,也要十分重视小肌肉群、远端肌肉群、深部肌肉群的力量训练。

(2) 选择有效的训练手段,规范并明确正确的动作要求。如锻炼股四头肌,可选负重半蹲起的练习,应要求运动员在练习时双脚平行或稍内扣站立,以求有效地锻炼股四头肌肌肉力量。

(3) 处理好负荷与恢复的关系。在一个训练阶段中,应合理安排负荷量,循序渐进地提高负荷量;在小周期训练中,应使各种不同性质的力量训练交替进行。一般来讲,训练水平低的运动员组间休息时间要长一些。

(4) 肌肉工作力量的强弱与中枢神经系统发射的神经冲动的强弱有着密切的关系。神经冲动的强度越大,肌纤维参与工作的数量越多,冲动就越集中,运动单位工作的同步化程度就越高,表现出的力量也就越大。因此,在运动训练中应注意有意识地提高学员练习的兴趣与积极性,以求提高力量训练的效果。

(二) 速度素质训练

速度素质是指人体快速运动的能力,包括人体快速完成动作的能力和对外界信号刺激快速反应的能力,速度素质具体包括反应速度、动作速度和移动速度。

反应速度是指人体对各种信号刺激(声、光、触等)快速应答的能力。动作速度是指人体或人体某一部分快速完成某一个动作的能力。动作速度是技术动作不可缺少的要素,表现为人体完成某一技术动作时的挥摆速度、击打速度等,此外,还包含在连续完成单个动作时在单位时间里重复次数的多少(动作频率)。移动速度是指人体在特定方向上位移的速度。

1. 速度素质训练的方法和手段

1) 反应速度训练常用的方法和手段

(1) 信号刺激法。利用突然发出的信号提高学生对简单信号的反应能力。

(2) 运动感觉法。通过学生对完成动作时间的比较来提高学生对时间感觉的准确性,从而提高反应速度。

(3) 移动目标的练习。这种方法在航空安全员徒手格斗与控防训练中较为常见,就是移动打靶和击打移动目标的练习。

2)动作速度训练常用的方法和手段

(1)利用外界助力或减小外界自然条件的阻力来控制动作速度。

(2)借助信号刺激提升动作速度,如利用音乐节奏做出协调一致的快速动作。

(3)利用动作加速或利用器械重量变化而获得的后效作用调节动作速度。

不同运动项目对动作速度的要求是不同的。航空安全员徒手格斗与控防项目对肢体动作速度要求较高,而完成动作中腰部的核心力量训练以及与肢体动作的配合就显得格外重要。加强腰部肌肉的协调性和灵活性是提高航空安全员徒手格斗与控防动作速度的基础。

3)移动速度训练常用的方法和手段

(1)为了提升移动速度,每次练习的持续时间应保持在20秒以内。多采用85%—95%的负荷强度,练习的重复次数不应过多。间歇时间能使学生得到相对充分的恢复。

(2)各种爆发力练习。

(3)高频率的专门性练习,如高抬腿跑、小步跑、后蹬腿跑、车轮跑等。

(4)利用特定的场地器材进行加速练习,如斜坡跑和骑固定自行车等。

2 速度素质训练的基本要求

(1)速度素质训练应结合航空安全员徒手格斗与控防专项训练进行。

(2)速度素质训练应在学生兴奋度高、情绪饱满、运动欲望强的情况下进行。

(三)耐力素质训练

耐力素质是指人体坚持长时间运动的能力。航空安全员徒手格斗与控防持续时间的长短往往不得而知,具有一定的未知性,因此要求学生具备良好的耐力素质。良好的耐力素质有助于学生更好地克服在训练和比赛中出现的疲劳,并在特情出现时能够与对方周旋到底,最终获得机上控制权,从而保障人机安全。

1 耐力素质的分类

按人体的生理系统分类,耐力素质可分为肌肉耐力和心血管耐力。肌肉耐力也称为力量耐力,心血管耐力又分为有氧耐力和无氧耐力。有氧耐力是指机体在氧气供应比较充足的情况下,能坚持长时间工作的能力。有氧耐力训练的目的在于提高学生机体吸收、输送和利用氧气的能力,促进机体的新陈代谢。无氧耐力也叫速度耐力,它是指机体以无氧代谢为主要供能形式,坚持较长时间工作的能力。无氧耐力又分为磷酸原供能无氧耐力和糖酵解供能无氧耐力。

2 耐力素质训练的方法和手段

一般耐力训练常用的方法和手段如下。

(1)各种形式的长时间跑步。

(2)长时间进行其他周期性运动,如速度滑冰、划船、骑自行车等。

(3)长时间重复做某一非周期性运动。

(4)坚持较长时间的抗小阻力的练习。

（5）循环练习。

3 耐力素质训练的基本要求

充分提升学生的呼吸机能，改善学生心肺功能是耐力训练的重要内容。通常通过训练来加大呼吸的频率以供给机体氧气。在运动训练中，应培养学生运动时用鼻呼吸的习惯，还应加强呼吸节奏与动作节奏协调的训练。保证运动节奏与呼吸的配合。在耐力素质训练中必须加强学生意志力的培养。

（四）柔韧素质训练

柔韧素质是指人体关节在不同方向上的运动能力以及肌肉、柔韧等软组织的伸展力。航空安全员徒手格斗与控防技术对于柔韧性是有一定要求的。

1 柔韧素质训练的方法和手段

柔韧素质训练基本上采用动力拉伸法和静力拉伸法，这两种方法均包含主动拉伸和被动拉伸两种不同的训练方式。针对肩部、髋部、膝部和踝部等关节进行柔韧素质训练时主要采用拉、压、摆、劈、绕环等练习手段。

2 柔韧素质训练的基本要求

（1）注意柔韧素质与力量素质相结合，注意放松练习，使肌肉柔而不软，韧而不慢。
（2）注意柔韧性练习与温度和时间的关系，在练习前要充分做好热身运动，使肌肉在发热的情况下进行练习。
（3）柔韧素质练习不可过度，否则会影响关节稳定性从而影响效果。

（五）灵敏素质训练

灵敏素质是指在各种突然变化的情况下，学生能够迅速、准确、协调地改变身体运动的空间位置和运动方向，以适应变化着的外环境的能力。

1 灵敏素质训练的方法和手段

（1）让学生在跑、跳当中迅速、准确、协调地做出各种动作，如快速改变方向的各种跑、各种躲闪和突然起动的练习等。
（2）躲避障碍物练习，通过专门设置的活动障碍物来锻炼学生的灵敏能力。
（3）各种追逐性游戏和对各种信号做出复杂应答的游戏等。

2 灵敏素质训练的基本要求

灵敏素质训练一般安排在训练课的前半部分，在学生体力充沛、精神饱满时进行。在进行灵敏素质训练时，教练应采用各种手段，消除学生的恐惧或紧张状态，以保证训练取得良好的效果。

二、专项体能训练

专项体能训练的目的是在一般体能良性发展的基础上发展专项所必需的体能,其特殊性在于其技术结构对体能的不同要求。

(一) 专项力量训练

在航空安全员徒手格斗与控防过程中需要学生具备在关节控制时较强的绝对力量以及中远距离进攻时较强的快速力量,而这些力量可以从以下动作的训练中获得。

1 弹力带抗阻冲拳(见图 4-11)

弹力带抗阻冲拳是指将一根弹力带用两手抓握经后背半圆形环绕于肩膀然后进行快速抗阻冲拳的动作。该动作的训练可以通过增加冲拳阻力从而使得冲拳速度和力量得到一定的提高。该动作也是有效规范学生冲拳动作的手段之一。

图 4-11 弹力带抗阻冲拳

2 杠铃快挺(见图 4-12)

杠铃快挺是指通过手持具有一定重量的杠铃然后配以手脚动作而快速挺出与收回的技术,其发力机制与人体快速冲拳的动作较为吻合。而且快挺过程对脚下步法有一定的要求,因此该动作在提高上肢力量的同时还可以有效提高学生的协调能力以及整体发力能力。

图 4-12　杠铃快挺

3　哑铃快冲（见图 4-13）

哑铃快冲是指将两个哑铃正握于两手之中，然后按照空击技术进行快冲的动作，该动作的练习通过提高空击难度从而调动更多的神经肌肉参与，以此提高专项力量和速度。但是在做该动作时需要注意哑铃不能太重，因为太重容易造成动作变形，从而造成得不偿失的后果。

图 4-13　哑铃快冲

4　开合跳推举（见图 4-14）

开合跳推举是指学生两脚开立、略比肩宽，两手各执一哑铃上举放于肩膀处，然后向上跳跃并腿时将哑铃向上推出，两脚回落成开立位时两侧哑铃回落为预备姿势的动作。该动作的练习可使多关节参与，从而有效增强学生的核心力量。

图 4-14　开合跳推举

5　高翻（见图 4-15）

高翻动作是有效提高练习者爆发力的一项技术动作,航空安全员在徒手格斗与控防的过程中针对中远距离的进攻与控制时主要依赖的就是爆发力,因此高翻动作是航空安全员专项力量训练中不可或缺的一个动作。

图 4-15　高翻

6　杠铃把端翻转（见图 4-16）

水平放置一根杠铃杆,将其一端上抬,另一端依靠在墙角处或者杠铃片的插孔处,学生半蹲站立于杠铃杆的插片端,将手紧紧地抓握住杠铃杆前端并将其抬起,然后左右翻动以此锻炼学生的整体发力能力。

7　卧推（见图 4-17）

卧推是锻炼上肢力量不可或缺的经典动作。它可以分为平板卧推和斜板卧推。学生可以根据自身训练水平而选择适合自己的训练动作。

8　深蹲（见图 4-18）

深蹲是锻炼下肢力量不可或缺的经典动作。它可分为自由深蹲和固定运动轨迹的史密斯深蹲,前者对学生动作的规范性有着较高的要求,动作不到位容易造成膝关节与腰椎的损伤。

图 4-16　杠铃把端翻转

图 4-17　卧推

图 4-18　深蹲

9 弹力带抗阻踢腿（见图4-19）

弹力带抗阻踢腿是指将弹力带一端固定于学生踝关节处，另一端由搭档进行提拉或者固定于另一固定物上，然后学生沿着正确的运行轨迹进行多次抗阻踢腿，从而提高学生的踢腿速度、增强学生的力量的动作。

图 4-19　弹力带抗阻踢腿

10 侧抛药球（见图4-20）

侧抛药球是指双脚左右平行站位，双手持药球置于身体一侧，随后身体向另一侧扭转发力，双手快速将药球侧抛向旁边的搭档的动作。其动作模式与打拳的技术动作相类似，可有效提升学生下肢快速蹬伸的能力以及上肢末端释放的爆发力，是很好的专项力量训练动作。

图 4-20　侧抛药球

11 泽奇深蹲（见图4-21）

泽奇深蹲与其他形式的深蹲稍有差别，其负重模式更接近于人体近身缠斗时的环抱动作,可以更好地锻炼到斜方肌、菱形肌以及三角肌后束。因此,该动作可以为近身对抗时的抱摔提供很好的力量基础。

图 4-21　泽奇深蹲

12　杠铃把端拉推组合(见图 4-22)

杠铃把端拉推组合是指先用一手将杠铃杆一端拉住,向上提拉至肩膀处然后迅速交换用另一手托住,快速蹬地向斜上方推出,以使髋、膝、踝三关节得到伸展的动作。该动作可以很好地将下肢的快速蹬伸以及上肢的快速出击进行有效衔接,可有效提升学生的专项力量素质。

图 4-22　杠铃把端拉推组合

(二)专项速度训练

专项速度主要是通过两人配合打靶来完成的。通过视觉或听觉来完成对单一动作的应答是提高简单反应的主要方法,其中,既包括视听觉的神经反射弧时间,也包括肌肉接收信号到完成收缩的动作时间。教练通过不断重复的示靶让学生不断做出相应动作来强化这一神经肌肉反射过程以提高专项速度。

(三)专项耐力训练

专项耐力训练主要根据航空安全员徒手格斗与控防的能量代谢特点和技术结构练习

方法来设计。比如,可以通过完成 3—6 组、每组 2 分钟左右的技术打靶或者打沙袋练习来提升学员的专项耐力。

(四) 专项灵敏训练

专项灵敏训练主要通过条件反应的训练来完成,比如在训练的过程中通过不断进行活靶技术的使用从而提高学生的专项灵敏能力,也可以通过进行摸肩训练、踩脚尖训练以及其他相应条件的实战练习来提高学生的专项灵敏能力。

(五) 专项柔韧训练

航空安全员徒手格斗与控防过程中对航空安全员有一定的专项柔韧性的要求,但是从训练学中可以得知,若柔韧性过度发展必然会造成爆发力的缺失,因此在航空安全员徒手格斗与控防的训练过程中对专项柔韧性的要求并不是越高越好,而是应该保持在一个合理的柔韧区间内。

专项柔韧训练可以通过正踢腿、外摆腿、里合腿、侧踢腿以及不同方向的控腿练习和压腿练习来进行,以达到我们想要的预期效果。

第三节　失衡保护

航空安全员在机上执勤或者日常生活中难免会遇到失去重心或者被行为人攻击倒地的情况,为了在失衡倒地情况下减轻冲击力和避免倒地后被对方控制,需要提前进行失衡情况下的相关性的失衡保护。

一、倒地练习

(一) 前倒

前倒分为跪姿前倒、半蹲位前倒以及直立前倒,而它的学习需要遵循循序渐进的原则,若一开始就从直立位开始则有很大的可能使得刚刚接触航空安全员徒手格斗与控防的学生出现损伤。因此我们需要从跪姿—半蹲位—直立状态下逐渐进阶。

1　跪姿前倒(见图 4-23)

(1) 膝关节着地,两脚交叉,上体直立,耳、肩、髋三关节伸展,两手成掌,两臂置于体侧,目视前方。

(2) 上体前倒,当上体即将着地之前两手臂屈肘置于体前,掌心向下。

(3) 上体着地瞬间,两手前臂与手掌成一个整体同时接触地面,继续保持耳、肩、髋在一条直线上,腰部保持直立,不能撅臀。

图 4-23　跪姿前倒

2 半蹲位前倒(见图 4-24)

(1)两脚开立与肩同宽,身体半蹲,大小腿约成 90 度,两手掌置于体侧,目视前方。

(2)上体直立,身体重心前移,两脚脚后跟抬离地面,当身体与地面成近 45 度时,两臂屈肘上抬,掌心向下。

(3)着地瞬间,两手前臂与手掌成一个整体同时主动去接触地面,着地后保持后脑、后背、臀部与踝关节在一条直线上,目视前方。

图 4-24　半蹲位前倒

3 直立前倒(见图 4-25)

(1)在立正的基础上两脚并拢,两手成掌,两臂自然下垂置于身体两侧,目视前方。

(2)整个身体直立,两脚脚后跟抬起,整个身体直立向前倾倒,当身体与地面成 45 度时两臂屈肘上抬,掌心向下。

(3)着地瞬间,两手前臂与手掌成一个整体同时主动去接触地面,着地后保持后脑、后背、臀部与踝关节在一条直线上,目视前方。

图 4-25　直立前倒

（二）后倒

后倒分为坐姿后倒、全蹲后倒以及半蹲位后倒，由于后倒时是由身体后侧去接触地面，难度比前倒略大，而且稍有不慎就会导致后脑接触地面，因此在后倒的学习过程中更须遵循循序渐进、由易到难逐渐进阶的原则。

1　坐姿后倒（见图 4-26）

（1）两膝弯曲自然坐于地面，两手置于身体两侧，目视前方。

（2）两手主动向上、向外、向下去接触地面，与此同时，右脚主动上抬、勾脚尖，髋关节上挺。

图 4-26　坐姿后倒

2　全蹲后倒（见图 4-27）

（1）两脚自然分开，身体全蹲，大腿紧贴小腿，含胸收腹，双手置于身体两侧，目视前方。

（2）两手主动向上、向外、向下去接触地面以缓冲着地冲力，与此同时右脚主动上抬、勾脚尖，髋关节上挺。

图 4-27　全蹲后倒

3　半蹲位后倒（见图 4-28）

（1）两腿屈膝，开立半蹲，低头含下颚，上体略微前倾，目视前方。

（2）两手主动向上、向外、向下去接触地面，以缓冲着地冲力，与此同时，右脚主动上抬、勾脚尖，髋关节上挺。

图 4-28　半蹲位后倒

（三）侧倒（见图 4-29）

（1）预备姿势，两脚自然开立与肩同宽。
（2）两腿屈膝下蹲，随之向哪侧倒则该侧腿向上摆。
（3）着地时，同侧手积极与异侧手交叉画圆置于头顶侧上方，着地瞬间用同侧手手掌主动拍地以减轻倒地时的冲击力，另一侧手屈肘置于腋下。

图 4-29 侧倒

二、滚翻练习

滚翻分为前滚翻、侧滚翻和后滚翻。

（一）前滚翻（见图 4-30）

（1）两腿自然站立，两脚开立略比肩窄。
（2）两腿屈膝下蹲，低头，弯腰，含下颚。
（3）两手迅速向前支撑，两脚蹬地。
（4）后背、腰、臀部以及双脚顺次着地进而起立。

图 4-30 前滚翻

(二)侧滚翻(见图 4-31)

(1)两腿自然站立,两脚开立略比肩窄。
(2)两腿屈膝下蹲,低头,弯腰,含下颚。
(3)右手向左侧腋下斜插,右脚蹬地发力(以向右侧翻滚为例)。
(4)后背、腰、臀部以及双脚顺次着地进而起立。

图 4-31　侧滚翻

(三)后滚翻(见图 4-32)

(1)两脚自然开立,身体成全蹲状态且低头、弯腰、头部偏向一侧。
(2)身体后倒,依次用臀部、腰部以及一侧肩膀着地翻滚一周起立。

图 4-32　后滚翻

第五章 航空安全员徒手格斗与控防的基本技术

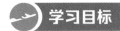 学习目标

知识目标

① 了解进攻技术有哪些。
② 了解防守技术有哪些。
③ 了解徒手格斗与控防过程中的组合技术有哪些。
④ 了解解脱与反制技术有哪些。

能力目标

通过本章的学习,能熟练运用中远距离的控制与防卫技术以及贴身的控制与防卫技术,并且每一种状态下都有自己的优势技术可以灵活运用。

情感目标

激发学生对不同情境下如何采用具体徒手格斗与控防技术的探索欲望。

民航空中安全保卫专业的学生要想在今后的执勤过程中具备良好的航空安全员徒手格斗与控防能力,需要具备较强的打靶能力、不同情境下运用各种关节技拿法的控制能力以及防卫能力。而这种能力的形成则需要对进攻技术、防守技术、进攻组合技术、脱离与反制技术以及主动控制技术进行系统性的学习。

第一节 进攻技术

进攻技术是指当犯罪行为人的行为极其恶劣,达到非法干扰级别时,航空安全员则可主动发起进攻并对其进行制服的技术。进攻技术可包括基本的拳法、腿法、肘法、膝法以及与之配合使用的各种灵活的步法。

一、基本拳法及要领

(一)进攻预备姿势(格斗式)

进攻预备姿势分为两种:一般学员采取左脚在前、右脚在后的"正架"姿势(见图5-1),而左撇子学员则采用右脚在前、左脚在后的"反架"姿势(见图5-2)。

1 动作方法

左脚在前、右脚在后,身体侧对前方,两脚之间的距离与肩同宽,两膝微微弯曲,身体重心处于两脚正中间,不偏不倚。左手握拳于鼻子同高处,肘关节角度为 90—110 度。右手握拳置于右下颚处,沉肩坠肘,使右手肘关节紧紧贴住右侧肋骨处。含胸收腹,下颚微含,眼睛平视前方。

2 动作要领

身体自然放松,不前倾、不后仰。脚后跟微微离开地面,身体重心位于两脚之间。肩膀要放松,不能耸肩,肘关节需下垂,不能上抬。

图 5-1 "正架"姿势

图 5-2 "反架"姿势

3 易犯错误

(1)两脚站位成一条直线或者两腿站姿成扭钢丝状态。
(2)重心不在两脚中间,或偏前,或偏后。
(3)肩膀紧张,未做到沉肩坠肘。

(二)直拳

直拳在进攻手段中属于最简单也是最直接的攻击技法,以拳面为攻击点,攻击路线为直线向前行进,分为左直拳和右直拳。

1 左直拳

1）动作方法

从预备姿势开始,右脚支撑,左脚蹬地拧转,左拳内旋向正前方击出,力达拳面,眼看攻击方向（见图5-3）。

2）动作要领

蹬地、转髋、顺肩三个动作须顺畅进行,缺一不可,出拳时要以拳带肘,切不可翻肘出拳,快出快收,直线出直线回,切不可下拉弧形返回。

图 5-3 左直拳

3）易犯错误

（1）脚未动,只进行了拳头的旋转。

（2）左手出拳的同时右手下掉。

（3）翻肘出拳。

2 右直拳

1）动作方法

从预备姿势开始,左脚支撑,右脚蹬地拧转,右拳内旋向正前方击出,力达拳面,眼看攻击方向（见图5-4）。

2）动作要领

发力顺序是起于脚、发于腿、主宰于腰而行于手,出拳时以拳带肘且贴住脸颊直线冲出,出拳时拳头切不可下垂后再击出,要真正做到直线出直线回。

3）易犯错误

（1）右脚蹬转不充分,脚尖未朝向身体正前方。

（2）右手未贴着右下颌直接出拳而是掉手出击。

（3）翻肘出拳。

图 5-4　右直拳

（三）摆拳

摆拳是一种横向型的拳法，分为由左向右击打出的左摆拳以及由右向左击打出的右摆拳，其运行路线为弧线且力达拳面。

1　左摆拳

1）动作方法

从预备姿势开始，右脚支撑，左脚蹬地拧转，同时左手抬肘伸臂向前、向外再向内，力达拳面，拳心向下，右拳依然置于右侧脸颊处，眼睛平视攻击方向（见图 5-5）。

图 5-5　左摆拳

2）动作要领

以肘关节为轴伸小臂，切不可以肩关节为轴伸大臂，伸臂角度为 90—160 度，左拳运行轨迹为与地面平行的一个半圆。抬肘高度须与地面平行。

3) 易犯错误

(1) 未向外侧伸小臂,增加大小臂之间的角度。

(2) 第一步未先抬肘而是将肩关节下拉。

(3) 击打同时右手掉手严重。

2 右摆拳

1) 动作方法

从预备姿势开始,左脚支撑,右脚蹬地拧转,右手抬肘伸臂向前、向外再向内,力达拳面,拳心向下,左拳回拉置于左侧脸颊处,眼睛平视攻击方向(见图 5-6)。

2) 动作要领

右脚蹬地拧转内旋,同时髋关节向左侧旋转,然后以肘关节为轴伸小臂,切不可以肩关节为轴伸大臂,伸臂角度为 90—160 度,右拳运行轨迹为与地面平行的一个半圆。抬肘高度须与地面平行。

图 5-6　右摆拳

3) 易犯错误

(1) 右脚蹬转不充分造成身体扭曲。

(2) 右手下拉向斜上方抢击。

(3) 右手摆拳出击的同时左手未护住下颌。

(四) 勾拳

勾拳是在近身搏击中攻击对方腰肋部以及下颚的一种运行轨迹为自下而上的实用性拳法,分为左勾拳和右勾拳。

1 左勾拳

1) 动作方法

从预备姿势开始,身体微向左转且重心微下沉,左脚蹬地发力,左手屈肘,自下而上进行攻击,左拳拳面的运行轨迹为"√"形。力达拳面,左手肘关节角度为 90—110 度,拳心向内(见图 5-7)。

2)动作要领

身体扭转且重心下沉能更好地把地面反作用力通过腰的主宰作用发挥到拳面上,在动作过程中依然以肘关节为轴进行角度的伸展变化,切不可以大臂为轴进行后拉上勾,否则会在实战过程中贻误战机。

图 5-7　左勾拳

3)易犯错误

(1)左手勾拳发力方向沿耳侧向上。

(2)未蹬地出击而是以肩关节为轴运用手臂的力量出击。

(3)左手勾拳出击的同时右手下拉现象严重。

2　右勾拳

1)动作方法

从预备姿势开始,身体微向右转且重心微下沉,右脚蹬地发力,右手屈肘自下而上进行攻击,右拳拳面的运行轨迹为"√"形。力达拳面,右手肘关节角度为 90—110 度,拳心向内。击打完成时左拳回拉至左侧脸颊处防守(见图 5-8)。

2)动作要领

身体扭转且重心下沉能更好地把地面反作用力通过腰的力量发挥到拳面上,在动作过程中依然以肘关节为轴进行角度的伸展变化,切不可以大臂为轴进行后拉上勾,否则会在实战过程中贻误战机。

3)易犯错误

(1)右手勾拳的运行路线未朝向身体正中面。

(2)未蹬地出击而是以肩关节为轴运用手臂的力量出击。

(3)右手勾拳出击的同时左手下拉现象严重。

图 5-8　右勾拳

二、腿法

搏击运动中的腿法有很多种，但航空安全专业的学生鉴于以后工作环境的特殊性，故而把更多的时间用于学习在空中条件下便于实施并且行之有效的腿法，主要有弹踢腿、正蹬腿以及鞭腿。

（一）弹踢腿

弹踢腿是一种攻击目标比较明确的实用的腿法，其运行轨迹为自下而上的弧线，攻击目标为人体要害之一的裆部，分为左弹踢和右弹踢。

1 左弹踢

1）动作方法

从预备姿势开始，右脚支撑，左脚向前提膝，大腿带动小腿且大小腿折叠，绷紧左侧脚尖，然后左小腿由下往上弹踢出去（见图 5-9）。

2）动作要领

弹踢动作过程中身体不能后仰且重心不能完全转移至右腿，否则攻击距离和攻击力量将大打折扣。

3）易犯错误

（1）提膝方向不是正前方而是向外侧提膝。

（2）踢腿过程中未送髋，造成攻击距离受限。

2 右弹踢

1）动作方法

从预备姿势开始，左脚支撑，重心移至左脚，右脚向前提膝，大腿带动小腿且大小腿折

图 5-9　左弹踢

叠，绷紧右侧脚尖，然后右侧小腿由下至上快速踢出（见图 5-10）。

2）动作要领

右弹踢过程中，左脚以前脚掌为轴向右旋转，移动路线为一个扇形。右脚弹踢时右侧髋关节须伸展，否则攻击距离和攻击力量都将大打折扣。

图 5-10　右弹踢

3）易犯错误

（1）未向身体正前方提膝，直接屈膝后抬小腿。

（2）踢腿过程中送髋不充分造成攻击距离受限。

（二）正蹬腿

正蹬腿是在实战过程中实用性特别强的一种直线形腿法，有控制距离和对犯罪行为人形成击打效果两种功效，其攻击目标为人体躯干，可分为左蹬腿和右蹬腿。

1 左蹬腿

1) 动作方法

从预备姿势开始,右脚前移半步且脚尖微外展,左脚提膝抬起、勾脚尖,当膝盖抬起高度超过髂前上棘时送髋且左脚迅速向正前方蹬出,力达全脚掌或者脚跟,左脚蹬出的同时左手迅速下摆置于左侧髋关节后侧,右手仍置于原处(见图 5-11)。

2) 动作要领

右脚前移,脚尖须稍向外展,这样有利于动作的进行。提膝上抬时大小腿要尽量折叠紧,左脚蹬出之时左侧髋关节应尽量往前送,利用爆发力快速向前方蹬出。

图 5-11 左蹬腿

3) 易犯错误

(1) 踢腿过程中其腿的发力方向非由后向前。

(2) 臀部后坐,仅仅依靠腿的力量去攻击目标,造成攻击力道太小。

2 右蹬腿

1) 动作方法

从预备姿势开始,左脚前移半步且脚尖微外展,右脚提膝抬起、勾脚尖,当膝盖抬起高度超过髂前上棘时送髋且右脚迅速向正前方蹬出,力达全脚掌或者脚跟,右脚蹬出的同时右手迅速下摆置于右侧髋关节后侧,左手回拉至左侧脸颊处,眼睛看着攻击方向(见图 5-12)。

2) 动作要领

左脚前移,脚尖稍向外展,这样有利于动作的进行。提膝上抬时大小腿要尽量折叠紧,右脚蹬出之时右侧髋关节应尽量往前送,利用爆发力快速向前方蹬出。

3) 易犯错误

(1) 大小腿折叠程度不够,直腿出击且用力方向非由后向前。

(2) 臀部后坐,仅仅依靠腿的力量去攻击目标,造成攻击力道太小。

图 5-12　右蹬腿

（三）鞭腿

鞭腿是一种攻击路线为横线的攻击型腿法,其攻击范围广,可从腿部一直到头部,分为左鞭腿和右鞭腿。

1　左鞭腿

1）动作方法

由预备姿势开始,重心稍右移,同时左腿屈膝向上抬起,此时支撑腿右腿以右脚前掌为轴进行顺时针转动,左腿提膝转髋,大小腿折叠且绷紧脚尖,迅速向右前方鞭打出去,力达脚背。与此同时左手迅速向左下方摆动至左髋后侧,右手依然保持原有位置不变。动作完成后,腿部和手部动作皆沿原路返回(见图 5-13)。

图 5-13　左鞭腿

2)动作要领

在做左鞭腿的过程中,整个身体要向右侧旋转,左侧髋关节必须完全伸展开,然后以髋关节带动大腿,大腿带动小腿,最后小腿连同绷直的脚背迅速向目标方向击打出去。

3)易犯错误

(1)右脚未以前脚掌为轴旋转成一个扇形。

(2)提膝方向未朝向身体正前方。

(3)转髋不充分造成大腿与腰腹呈一定的夹角。

2 右鞭腿

1)动作方法

由预备姿势开始,重心前移至左脚,同时右腿屈膝向上抬起,此时支撑腿左腿以左脚前掌为轴进行逆时针转动,右腿提膝转髋,大小腿折叠且绷紧脚尖,迅速向左前方鞭打出去,力达脚背。与此同时右手迅速向右下方摆动至右髋后侧,左手快速回拉至左侧脸颊下侧。动作完成后,腿部和手部动作皆沿原路返回(见图5-14)。

2)动作要领

在做右鞭腿的过程中,整个身体要向左侧旋转,右侧髋关节必须完全伸展开,然后以髋关节带动大腿,大腿带动小腿,最后小腿连同绷直的脚背迅速向目标方向击打出去。

图 5-14 右鞭腿

3)易犯错误

(1)左脚未以前脚掌为轴旋转成一个扇形。

(2)提膝方向未朝向身体正前方。

(3)转髋不充分造成大腿与腰腹呈一定的夹角。

三、肘法

"肘过如刀""一肘抵三拳"都是古语中对于肘法犀利以及震撼效果的表述,在近身搏击中肘法的作用通常会被大大提升。当事态升级到必须快速击倒或制服犯罪行为人时,肘法这种较具效果的攻击方法会成为一种很好的选择。在实际运用过程中,常用和运用效果较好的肘法包括横击肘、上挑肘和下砸肘三种。

（一）横击肘

横击肘是一种横向型的攻击方法，其主要攻击目标为头面部的两侧，力达肘尖，可分为左横击肘和右横击肘。

1 左横击肘

1）动作方法

从预备姿势开始，身体重心稍向右移，右脚支撑，左脚蹬地顺时针扭转，左手屈肘，大小臂折叠，紧抬左肘至与地面平行，以肘尖为力点迅速向右前方击打出去，眼看攻击方向。击打完成后左手、左脚沿原路返回，恢复成预备姿势（见图5-15）。

2）动作要领

屈肘角度越小越好，在动作击打完成之前保持这一角度固定不变（新学者在击打过程中屈肘角度容易发生变化，因此造成动作不规范），抬肘高度须与地面平行。

3）易犯错误

脚未蹬转而且小臂下压造成别肩动作。

2 右横击肘

1）动作方法

从预备姿势开始，身体重心稍向左移，左脚支撑，右脚蹬地逆时针扭转，右手屈肘，大小臂折叠，紧抬右肘至与地面平行，以肘尖为力点迅速向左前方击打出去，眼看攻击方向。击打过程中左手迅速回拉至左侧脸颊下半部进行防守，完成后手脚皆沿原路返回，恢复成预备姿势（见图5-16）。

图5-15　左横击肘

图5-16　右横击肘

2）动作要领

屈肘角度越小越好，在动作击打完成之前保持这一角度固定不变（新学者在击打过程中屈肘角度容易发生变化，因此造成动作不规范），抬肘高度须与地面平行。

3）易犯错误

脚未蹬转而且小臂下压造成别肩动作。

（二）上挑肘

上挑肘是一种在近身搏斗时破解对方搂抱动作的有效攻击方法，其攻击目标主要为下颚和躯干，可分为左上挑肘和右上挑肘。

1 左上挑肘

1）动作方法

从预备姿势开始，身体重心稍向右移，右脚支撑，左手屈肘成最小夹角，左脚蹬地以前脚掌为轴顺时针扭转，以肘尖为力点从下至上快速挑击出去。击打完成之后手脚快速沿原路线返回成预备姿势，眼看攻击方向（见图5-17）。

2）动作要领

屈肘角度越小越好，在动作击打完成之前保持这一角度固定不变（新学者在击打过程中屈肘角度容易发生变化，因此造成动作不规范），力达肘尖而不是前臂。

3）易犯错误

上挑肘关节的同时甩头看向另一侧，造成击打目标不明确。

2 右上挑肘

1）动作方法

从预备姿势开始，身体重心稍向左移，左脚支撑，右手屈肘成最小夹角，右脚蹬地以前脚掌为轴逆时针扭转，以肘尖为力点从下至上快速挑击出去。与此同时左手快速回拉至左侧脸颊的下半部进行左侧的保护，击打完成之后手脚快速沿原路线返回成预备姿势，眼看攻击方向（见图5-18）。

2）动作要领

屈肘角度越小越好，在动作击打完成之前保持这一角度固定不变（新学者在击打过程中屈肘角度容易发生变化，因此造成动作不规范），力达肘尖而不是前臂。

3）易犯错误

上挑肘关节的同时甩头看向另一侧，造成击打目标不明确。

（三）下砸肘

下砸肘是对犯罪行为人进行后脑以及后背部下砸攻击的有效攻击方法，可分为左下砸肘和右下砸肘。

图 5-17　左上挑肘

图 5-18　右上挑肘

1　左下砸肘

1）动作方法

从预备姿势开始,身体重心稍向右移,右脚支撑,左手屈肘成最小角度,左脚蹬地以前脚掌为轴顺时针扭转,抬肘至与地面平行,然后快速下砸,力达肘尖,身体重心微下沉,眼睛看着攻击方向,击打完成之后恢复成预备姿势(见图 5-19)。

2）动作要领

下砸过程中屈肘角度要小,大小臂夹紧,蹬地转髋须有效衔接,力达肘尖而不是大臂。

3）易犯错误

运行轨迹直上直下,实际情况中需要先避开击打目标。

2　右下砸肘

1）动作方法

从预备姿势开始,身体重心稍向左移,左脚支撑,右手屈肘成最小角度,右脚蹬地以前脚掌为轴逆时针扭转,抬肘至与地面平行,然后快速下砸,力达肘尖,身体重心微下沉,在击打过程中左手快速回拉至左侧脸颊下半部进行动作的防守,眼睛看着攻击方向,击打完成之后恢复成预备姿势(见图 5-20)。

2）动作要领

下砸过程中屈肘角度要小,大小臂夹紧,蹬地转髋须有效衔接,力达肘尖而不是大臂。

3）易犯错误

运行轨迹直上直下,实际情况中需要先避开击打目标。

图 5-19　左下砸肘

图 5-20　右下砸肘

四、膝法

俗话说"一肘抵三拳、一膝抵三肘",由此可见,在徒手攻击手段中膝法所具备的威力。因此,在近身对抗的过程中利用膝法对躯干和裆部进行迅速攻击会产生意想不到的效果,能够快速地达到克敌制胜的目的,为航行安全提供良好的保障。在空中条件下可有效使用的膝法主要为前顶膝(冲膝)。

前顶膝是在两人处于近身缠斗时,快速出膝撞向对方腹部、肋部、胸膛,而至下颌。根据攻击腿的不同可分为左前顶膝和右前顶膝。

(一) 左前顶膝

1. 动作方法

从预备姿势开始,右脚向前方上步同时脚尖外展,左脚提膝上抬,大小腿折叠,以髋关节为轴快速向对方目标位置冲击出去(见图 5-21)。

2. 动作要领

提膝上抬过程中要注意上抬高度,不能达到一定的高度后再向前冲击出去,而是在大小腿折叠时就沿一条自下而上的直线向目标点冲击出去。膝关节运动轨迹为一条直线,力达膝关节。

3. 易犯错误

大小腿折叠不够且挺髋不充分,从而造成打击力度不够。

图 5-21 左前顶膝

（二）右前顶膝

1 动作方法

从预备姿势开始，左脚向前方上一小步且脚尖微外展，右脚提膝上抬，大小腿折叠，以髋关节为轴快速向对方目标位置冲击出去（见图 5-22）。

图 5-22 右前顶膝

2 动作要领

提膝上抬过程中要注意上抬高度，不能到达一定的高度后再向前冲击出去，而是在大小腿折叠时就沿一条自下而上的直线向目标点冲击出去。膝关节运动轨迹为一条直线，力达膝关节。

3 易犯错误

大小腿折叠不够且挺髋不充分,从而造成打击力度不够。

五、步法

步不快则拳慢,步不稳则拳乱。在实际对抗过程中需要通过步法的移动来保持身体重心的平衡以及控制与对手的合理距离,实现攻防之间的相互转换,由此可见,其在实战对抗过程中的重要性。按照实际需要步法可分为进步、退步、上步、撤步、垫步、闪步和换步。

(一) 进步

1 动作方法

从预备姿势开始,右脚蹬地,重心前移,左脚微离地面并向前移动半步,右脚随之跟进半步,以前脚掌着地,迅速、轻灵而富有弹性,整个动作过程中上体只进行了平行的移动且动作完成后整个身体姿势仍然成预备姿势(见图5-23)。

2 动作要领

前进步子不能太大,前脚前进多少,后脚相应地也就跟进多少,两个步子之间衔接要快,迅速成为预备姿势。

图 5-23 进步

3 易犯错误

未做到前脚前进多少、后脚就跟进多少,造成动作结束后身体并未保持良好的实战姿势。

（二）退步

1 动作方法

从预备姿势开始,左脚蹬地发力,右脚轻抬并贴着地面后移一小步,随之左脚迅速跟进,动作完成后整个身体依然成预备姿势(见图 5-24)。

2 动作要领

后退步子不能太大,否则前脚回撤不稳也不及时,前脚回撤距离与后脚后退距离要保持一致。

图 5-24　退步

3 易犯错误

习惯性先动后脚而非前脚。

（三）上步

1 动作方法

从预备姿势开始,身体重心稍向前移,右脚向左脚前方上步,身体左转,左脚以前脚掌为轴逆时针旋转,左手迅速回拉,右手向前伸臂成"反架"预备姿势(见图 5-25)。

2 动作要领

上步时身体不能四处晃动且两手要迅速交换前后位置。

3 易犯错误

上步结束后身体未呈现一个良好的实战姿态,需要不断调整上步角度。

图 5-25 上步

（四）撤步

1 动作方法

从预备姿势开始，身体重心微向右移，左脚向右脚后方回撤一步，身体左转，右脚以前脚掌为轴逆时针旋转，左手迅速回拉至左侧脸颊的下半部，右手向前伸臂成"反架"预备姿势（见图5-26）。

2 动作要领

撤步时身体不能四处晃动且两手要迅速交换前后位置。

图 5-26 撤步

3 易犯错误

撤步结束后身体重心未置于两脚中间。

（五）垫步

1 动作方法

从预备姿势开始，身体重心前移，右脚蹬地向左脚脚跟处前进一小步且脚尖微向外展，与此同时，左腿屈膝提起，根据对方动作做出各种对应动作（见图5-27）。

2 动作要领

右脚向左脚后跟处移动与左脚的提膝上抬动作要快速连贯，一气呵成，动作移动过程中须紧贴地面进行。

图 5-27　垫步

3 易犯错误

右脚前进太多造成交叉步态。

（六）闪步

1 动作方法

从预备姿势开始，左脚向左侧或者右脚向右侧移动半步，紧接着右脚向左侧或左脚向右侧移动半步，且身体侧闪呈45度，动作完成后身体依然成预备姿势（见图5-28）。

2 动作要领

闪步时应该用髋部的力量来带动脚步的移动且保持身体重心的稳定。

3 易犯错误

闪步过程中手脚配合不到位。

图 5-28　闪步

（七）换步

1　动作方法

从预备姿势开始，两脚同时蹬地用力起跳，在空中左右脚进行前后交换，与此同时，两手也进行前后交换，落地成"反架"预备姿势（见图 5-29）。

2　动作要领

转换速度要快，动作进行时以髋部带动双腿进行前后的空中交换。

图 5-29　换步

3　易犯错误

跳得太高造成步法移动时间太长使得战机贻误。

第二节 防守技术

防守技术是指在与行为人进行谈判时以防对方攻击的思想意识与站位,以及打斗或缠抱过程中防止被对方拳法、腿法、膝法、肘法攻击到的相应技术。

一、戒备姿势

戒备姿势是航空安全员在与犯罪行为人进行谈判和对峙状态下的防卫预备姿势。戒备姿势不同于实战预备姿势,因为当谈判进行时实战姿势的出现将会激化矛盾,让事态升级。戒备姿势是一种区别于实战预备姿势的防守技术,它是防守技术的开始阶段。它应该具备以下几个优势:第一,便于身体的移动,当我方处于该姿势时,可以进退自如,因此身体重心应该置于两脚之间,且两膝微微弯曲,使得整个身体处于一个弹性的状态。第二,便于进攻,当我方处于该姿势时,根据实际需要我方可以快速地用手对对方进行攻击和控制。第三,便于防守,当我方处于该姿势时,若对方对我方突然发起攻击,我方可迅速进行身体要害部位的防守以拥有足够大的防守面积。综上所述,我方的戒备姿势应该是,身体侧对前方,两脚自然开立与肩同宽,脚尖稍内扣,膝关节微微弯曲,脚后跟稍离地面。两手一前一后、一上一下置于体前,沉肩坠肘,含胸收腹,下巴微含,减少咽喉的暴露面积,两眼目视前方(见图5-30)。在这个过程中易犯的错误为,防守面积不够、防守位置非最佳,不利于快速启动防守。

图 5-30 戒备姿势

二、拍挡

拍挡是一种专门防守对方直线形攻击(直拳或者直线形的单手或者双手的推挤)的技法。

1 动作方法

当对方以直拳对我方进行攻击时,我方可以以右手或者左手的掌心为发力点向内横向拍挡,同时上体微向左转或右转。动作完成时回到原来位置(见图5-31)。

2 动作要领

防守时不能伸肘、伸臂,也不能向前迎拨,动作幅度不能太大,只能依靠蹬地、转髋及手

图 5-31　拍挡

腕的抖动来进行。

3　易犯错误

拍挡过程太长,直接做成向一侧按压使得防守回位不及时。

三、挂挡

挂挡是一种防守对方横向型拳法攻击或者"王八"拳的有效技法。

1　动作方法

左手或右手屈肘上提,护于同侧耳侧,肘尖朝前,同时身体微微向异侧转动,完成动作后回到原位(见图 5-32)。

图 5-32　挂挡

2 动作要领

抬肘格挡要沿着身体正前方屈肘上抬而不是贴于身体的外展,而且动作幅度不能太大,不然容易顾此失彼。

3 易犯错误

(1) 一手抬肘的同时另一只手下掉,使得防守出现漏洞。
(2) 抬肘同时未蹬地旋转,使得防守强度不够,这样易被对方打到。

四、掩肘

掩肘是专门针对腰腹部遭受拳法攻击的防守方法,能有效减轻腹部与肋部所受到的打击。

1 动作方法

右手或左手屈肘,大臂回拉至紧贴腹部,同时身体向另一侧微微转体,完成动作后迅速返回原来的位置(见图5-33)。

2 动作要领

手臂屈肘回拉要到位,需要紧贴肋弓处,否则将会让腹部遭受二次打击,从而不能达到很好的保护效果。

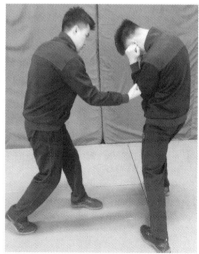

图 5-33 掩肘

3 易犯错误

(1) 未蹬地旋转,掩肘时肘关节未紧贴身体腰腹部。
(2) 一只手掩肘的同时另一只手下掉,造成防守不到位。

五、提膝格挡

提膝格挡是专门防守低鞭腿攻击的技法,其防守特点是简单实用且能对对方进行一定程度的回击。

1 动作方法

身体重心从两脚之间转移至右腿,且右腿微屈,同时左腿屈膝提起,向左、右以及正面格挡对方的进攻(见图5-34)。

2 动作要领

身体要正,支撑要稳,快速提膝静止或向左、向右移动。

图 5-34 提膝格挡

3 易犯错误

提膝的同时未向外伸展,防守强度不够,导致防守的同时对自身造成一定伤害。

六、后拉

1 动作方法

从预备姿势开始,前脚由前向后快速回拉,接近后脚时前脚掌着地,重心落于后腿,完成动作后回到原位(见图5-35)。

2 动作要领

回拉距离不能太长,以不超过后脚位置为准,具体回收距离以对方的进攻距离为参考。

图 5-35　后拉

3　易犯错误

后拉距离太长不利于防守之后的反击。

七、后闪

1　动作方法

当对方以拳法进攻或者乱拳攻击时,我方上体后移进行后仰躲闪(见图 5-36)。

图 5-36　后闪

2　动作要领

我方上体后移的时机和距离要适度,以利于防守之后的反击。

3 易犯错误

后仰太多不利于身体平衡的保持,最终造成防守之后的反击不及时或不到位。

八、摇闪

1 动作方法

当对方以横向型的拳法或"王八"拳对我方进行攻击时,我方两腿迅速微微屈膝,重心下降,缩颈,弧形摇闪,整个头部运行路线为一个 U 形。两手紧紧贴住两侧下颚,动作完成时回到原位(见图 5-37)。

2 动作要领

看准时机,屈膝、收下颚、含胸、摇闪同时进行。

图 5-37　摇闪

3 易犯错误

摇闪动作做成了甩头动作且身体重心下降太多。

九、左右躲闪

1 动作方法

两膝微屈,俯身,上体向右侧或左侧闪躲(见图 5-38)。

2 动作要领

身体侧向移动的距离要适度,不能过大,否则不利于防守之后的反击。

图 5-38　左右躲闪

3 易犯错误

躲闪的同时眼睛未始终盯着对手,不利于防守之后的反击。

第三节　进攻组合技术

进攻的组合技术是指将各种进攻技术进行不同的组合以使攻击效果最大化的一种技术。进攻组合技术可以通过直、摆、勾三种拳法或弹踢腿、鞭腿、正蹬腿的不同方式与顺序的组合来进行正面、侧面以及下面的攻击,以使对方防不胜防,从而达到克敌制胜的目的;也可以进行拳法和腿法的技术组合,通过拳来腿往的攻击来迷惑对手,使之顾上不顾下、顾下不顾上而疲于应付,最终达到控制对手的目的;还可以采用拳、肘、膝等中远距离攻击技术和近距离攻击技术相组合的方式;甚至可以将进攻技术与防守技术和步法进行组合从而达到攻防兼备,在控制犯罪行为人的过程中减轻自身受伤的可能性。

进攻时发起的第一击可以是虚晃一击,也可以是实实在在的重击。若为虚晃,可以很好地为下一击的重击创造条件;若为实招,一旦击中对方,后续的连续进攻便能使击打效果最大化,有利于降低对方发起二次攻击的可能性。若我方能成功防守犯罪行为人的进攻,而后再迅速发起组合进攻,这样既可以打乱对方的进攻节奏还可以攻防转换,使我方转劣为优,为最终的成功控制创造有利条件。

组合技术可以将不同的单个技术进行组合,还可以通过技术顺序的变化而变换其组合形式,因此组合技术可以千变万化,无法全部罗列出来,下面对几种主要且常用的组合技术进行罗列。

一、拳法组合

1 左右直拳(见图 5-39)

扫码看视频

(1)

(2)

图 5-39 左右直拳

2 左右摆拳(见图 5-40)

扫码看视频

(1)

(2)

图 5-40 左右摆拳

3 左右勾拳（见图 5-41）

(1)　　　　　　　　(2)

图 5-41　左右勾拳

扫码看视频

4 左摆拳右直拳（见图 5-42）

(1)　　　　　　　　(2)

图 5-42　左摆拳右直拳

5 右直拳左摆拳（见图 5-43）

扫码看视频

(1)　　　　　　　　(2)

图 5-43　右直拳左摆拳

6　左右直拳左摆拳（见图 5-44）

扫码看视频

　　　（1）　　　　　　　　　　（2）　　　　　　　　　　（3）

图 5-44　左右直拳左摆拳

7　左右直拳左勾拳（见图 5-45）

　　　（1）　　　　　　　　　　（2）　　　　　　　　　　（3）

图 5-45　左右直拳左勾拳

8　左直拳右摆拳左勾拳（见图 5-46）

扫码看视频

　　　（1）　　　　　　　　　　（2）　　　　　　　　　　（3）

图 5-46　左直拳右摆拳左勾拳

9 右直拳左摆拳右勾拳（见图 5-47）

扫码看视频

(1)　　　　　　　　　(2) 　　　　　　　　　(3)

图 5-47　右直拳左摆拳右勾拳

10 左直拳右勾拳左摆拳（见图 5-48）

扫码看视频

(1)　　　　　　　　　(2) 　　　　　　　　　(3)

图 5-48　左直拳右勾拳左摆拳

11 左勾拳右直拳左摆拳（见图 5-49）

扫码看视频

(1)　　　　　　　　　(2) 　　　　　　　　　(3)

图 5-49　左勾拳右直拳左摆拳

12 右勾拳左摆拳右直拳（见图 5-50）

扫码看视频

(1)

(2)

(3)

图 5-50　右勾拳左摆拳右直拳

13 左右直拳左勾拳右直拳（见图 5-51）

扫码看视频

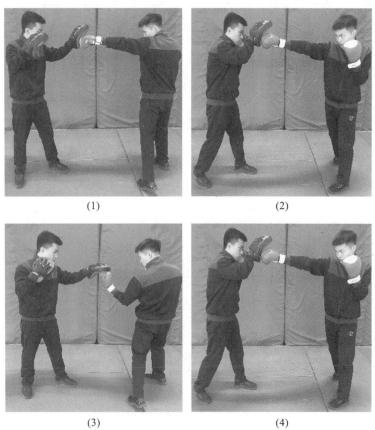

图 5-51　左右直拳左勾拳右直拳

14 左右直拳左摆拳右勾拳（见图 5-52）

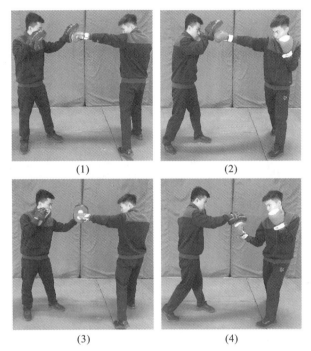

(1)　　　　　　(2)

(3)　　　　　　(4)

图 5-52　左右直拳左摆拳右勾拳

15 右直拳左勾拳右勾拳左摆拳（见图 5-53）

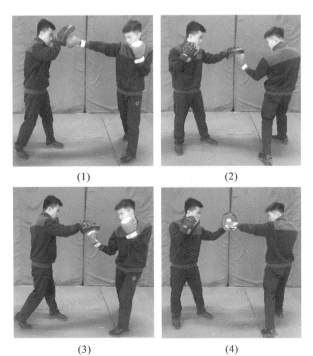

(1)　　　　　　(2)

(3)　　　　　　(4)

图 5-53　右直拳左勾拳右勾拳左摆拳

16 左右直拳左右勾拳左摆拳（见图 5-54）

扫码看视频

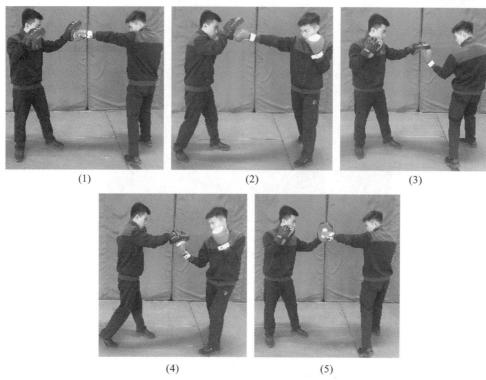

图 5-54　左右直拳左右勾拳左摆拳

二、腿法组合

1 左弹踢腿右正蹬腿（见图 5-55）

扫码看视频

图 5-55　左弹踢腿右正蹬腿

2 左正蹬腿右弹踢腿(见图 5-56)

扫码看视频

 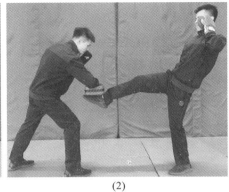
　　　　(1)　　　　　　　　　　　(2)

图 5-56　左正蹬腿右弹踢腿

3 左弹踢腿右鞭腿(见图 5-57)

扫码看视频

　　　　(1)　　　　　　　　　　　(2)

图 5-57　左弹踢腿右鞭腿

4 左正蹬腿右鞭腿(见图 5-58)

扫码看视频

　　　　(1)　　　　　　　　　　　(2)

图 5-58　左正蹬腿右鞭腿

5 左鞭腿右弹踢腿（见图 5-59）

扫码看视频

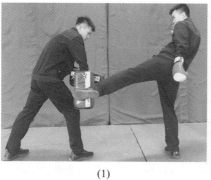 

(1)   (2)

图 5-59 左鞭腿右弹踢腿

6 左鞭腿右正蹬腿（见图 5-60）

扫码看视频

(1)   (2)

图 5-60 左鞭腿右正蹬腿

三、拳腿组合

1 左直拳右鞭腿（见图 5-61）

扫码看视频

(1)   (2)

图 5-61 左直拳右鞭腿

2 左直拳右正蹬腿（见图 5-62）

(1)   (2)

图 5-62　左直拳右正蹬腿

3 左直拳右弹踢腿（见图 5-63）

(1)   (2)

图 5-63　左直拳右弹踢腿

4 左弹踢腿右直拳（见图 5-64）

(1)   (2)

图 5-64　左弹踢腿右直拳

5 左右直拳右正蹬腿（见图 5-65）

扫码看视频

(1) (2) (3)

图 5-65　左右直拳右正蹬腿

6 右直拳左摆拳右弹踢腿（见图 5-66）

扫码看视频

(1) (2) (3)

图 5-66　右直拳左摆拳右弹踢腿

7 右直拳左摆拳右正蹬腿（见图 5-67）

扫码看视频

(1) (2) (3)

图 5-67　右直拳左摆拳右正蹬腿

8 右勾拳左摆拳右正蹬腿（见图 5-68）

扫码看视频

(1)　　　　　　　　　　(2)　　　　　　　　　　(3)

图 5-68　右勾拳左摆拳右正蹬腿

9 右直拳左勾拳右正蹬腿（见图 5-69）

扫码看视频

(1)　　　　　　　　　　(2)　　　　　　　　　　(3)

图 5-69　右直拳左勾拳右正蹬腿

10 左右直拳左摆拳右弹踢腿（见图 5-70）

扫码看视频

(1)　　　　　　　　　　　　　(2)

图 5-70　左右直拳左摆拳右弹踢腿

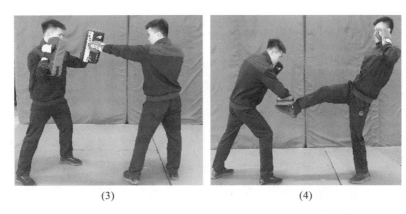

(3)　　　　　　　　　(4)

续图 5-70

11 左右直拳左摆拳右鞭腿（见图 5-71）

扫码看视频

(1)　　　　　　　　　(2)

(3)　　　　　　　　　(4)

图 5-71　左右直拳左摆拳右鞭腿

12　左右直拳左摆拳右正蹬腿（见图 5-72）

图 5-72　左右直拳左摆拳右正蹬腿

13　左右直拳左勾拳右弹踢腿（见图 5-73）

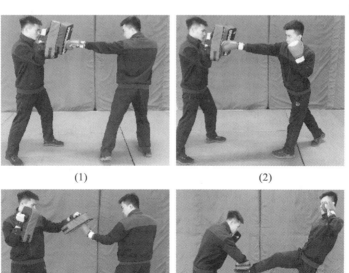

图 5-73　左右直拳左勾拳右弹踢腿

14 左右直拳左勾拳右正蹬腿（见图 5-74）

扫码看视频

(1)　　(2)

(3)　　(4)

图 5-74　左右直拳左勾拳右正蹬腿

15 左右直拳左勾拳右鞭腿（见图 5-75）

扫码看视频

(1)　　(2)

(3)　　(4)

图 5-75　左右直拳左勾拳右鞭腿

16 左摆拳右直拳左勾拳右鞭腿（见图 5-76）

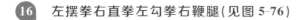

图 5-76 左摆拳右直拳左勾拳右鞭腿

四、拳肘组合

1 左直拳右横击肘（见图 5-77）

图 5-77 左直拳右横击肘

2 左摆拳右上挑肘（见图 5-78）

扫码看视频

(1)   (2)

图 5-78   左摆拳右上挑肘

3 左右直拳左横击肘（见图 5-79）

扫码看视频

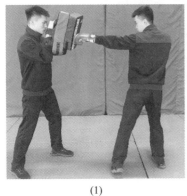

(1)   (2)   (3)

图 5-79   左右直拳左横击肘

4 左右直拳左横击肘右上挑肘（见图 5-80）

扫码看视频

(1)   (2)

图 5-80   左右直拳左横击肘右上挑肘

续图 5-80

五、肘膝组合

1 左横击肘右前顶膝（见图 5-81）

扫码看视频

(1)   (2)

图 5-81 左横击肘右前顶膝

2 右横击肘右前顶膝（见图 5-82）

扫码看视频

(1)   (2)

图 5-82 右横击肘右前顶膝

3 左横击肘右上挑肘右前顶膝（见图 5-83）

扫码看视频

(1)   (2)   (3)

图 5-83 　左横击肘右上挑肘右前顶膝

六、拳肘膝组合

1 左直拳右横击肘右前顶膝（见图 5-84）

扫码看视频

(1)   (2)   (3)

图 5-84 　左直拳右横击肘右前顶膝

2 左摆拳右上挑肘右前顶膝（见图 5-85）

扫码看视频

(1)   (2)   (3)

图 5-85 　左摆拳右上挑肘右前顶膝

七、拳腿膝肘组合

左低鞭腿右直拳左横击肘右前顶膝组合如图 5-86 所示。

扫码看视频

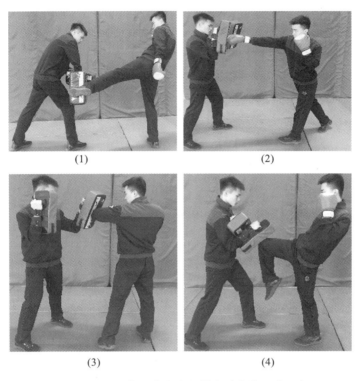

图 5-86　左低鞭腿右直拳左横击肘右前顶膝组合

八、进攻方法与防守方法的组合

1 左右直拳右摇闪接右直拳（见图 5-87）

扫码看视频

图 5-87　左右直拳右摇闪接右直拳

(3)   (4)

续图 5-87

2 左右直拳右摇闪接右摆拳（见图 5-88）

扫码看视频

(1)   (2)

(3)   (4)

图 5-88 左右直拳右摇闪接右摆拳

3 左右直拳左勾拳左摇闪接左摆拳（见图 5-89）

扫码看视频

(1)

(2)

(3)

(4)

(5)

图 5-89　左右直拳左勾拳左摇闪接左摆拳

4 左直拳右躲闪接右勾拳左摆拳（见图 5-90）

扫码看视频

(1)

(2)

图 5-90　左直拳右躲闪接右勾拳左摆拳

(3)　　　　　　　　(4)

续图 5-90

5 左右直拳左躲闪接左勾拳右直拳（见图 5-91）

扫码看视频

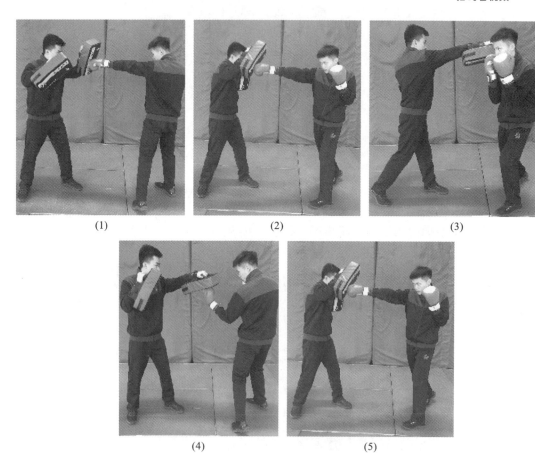

(1)　　　　　　　　(2)　　　　　　　　(3)

(4)　　　　　　　　(5)

图 5-91　左右直拳左躲闪接左勾拳右直拳

6 右摇闪接右直拳左勾拳右直拳（见图 5-92）

扫码看视频

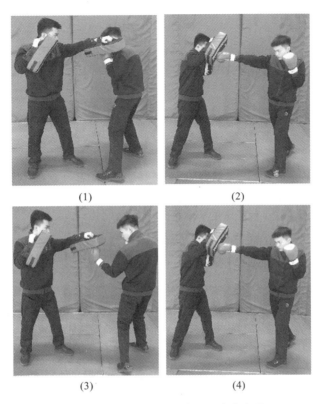

(1) (2)

(3) (4)

图 5-92 右摇闪接右直拳左勾拳右直拳

 第四节 脱离与反制技术

航空安全员在机上执勤过程中或者在日常生活中经常会疏于防守或者遭遇突然袭击，这时往往易于被对方攻击、抓握或者控制，如果此时对方并没有进一步的攻击动作，只是一直牢牢地对我方进行抓握与控制，那么我方便需要具备一定的脱离技巧以及与对方控制方法相对应的反制技术。

一、被单手抓握情况下的解脱与反制

（一）解脱技术

解法一：
当我方右手（或左手）被对方单手紧紧抓握并且意欲强行拖拽时，我方被抓手可迅速握拳,将被抓手的前臂转至桡骨贴于对方手的虎口处,快速用力向我方对侧手的方向进行抽离(见图5-93)。

图 5-93　解脱技术(一)

解法二:

当我方右手(或左手)被对方单手紧紧抓握时,我方应迅速将被抓手由掌变拳并外旋,然后迅速向上方屈肘并用力回拉,使对方迫于手臂整体力量而松手,从而达到解脱的目的(见图5-94)。

图 5-94　解脱技术(二)

(二) 反制技术

解法一:

当我方右手(或左手)被对方单手紧紧抓握并控制住我方行动时,我方被抓手应迅速握拳将桡骨转至对方抓握手的大拇指处,随后被抓手向对方大拇指方向上抬并用手掌迅速向前推压对方手掌,与此同时身体右转(或左转)上步用左手(或右手)向上托其肘关节,通过压腕与托肘的合力使对方感到疼痛而迅速放手(见图5-95)。

解法二:

当我方右手(或左手)被对方单手紧紧抓握并控制住我方行动时,我方应迅速用左手(或右手)牢牢按压住对方抓握手的手掌,随之右手屈肘稍外旋上挑,当对方抓握我方的手的大拇指朝下时,我方右手顺时针旋转对敌方手腕进行切扣下压,通过对敌方手腕的反关节控制以达到反制目的。这个反制方法也叫金丝缠腕(见图5-96)。

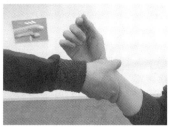

图 5-95　反制技术（一）

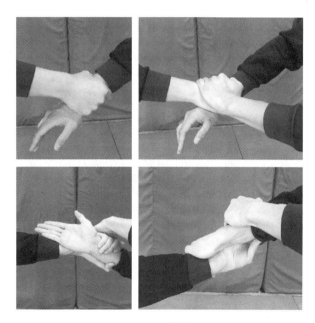

图 5-96　反制技术（二）

二、被双手抓握情况下的解脱与反制

（一）解脱技术

当对方双手由上紧紧抓握住我方右手手腕时，我方右手握拳的同时左手迅速抓握住握拳的右手，然后用力向上拉，与此同时整个身体向左侧扭转，最后通过左右手的合力以及上挑右手肘关节达到解脱的目的（见图 5-97）。

（二）反制技术

当对方双手由下紧紧抓握住我方右手手腕时，我方右手立即握拳，左手迅速抓握住握拳的右手，然后用力向下拉，与此同时迅速转体，用左手和右手的合力将右手肘关节翻转砸向对方胸口，从而达到反制的目的（见图 5-98）。

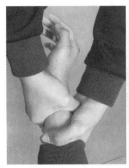  

图 5-97　解脱技术

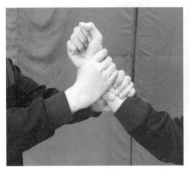  

图 5-98　反制技术

三、被双手掐住脖子情况下的解脱

（一）解脱技术

当我方被对方从正面用双手掐住脖子时，我方应迅速收紧下颌以防对方对我方咽喉造成大的压迫从而导致呼吸困难，然后我方两手迅速屈肘上挑并向外侧用力，利用爆发力对对方两手进行侧向打击从而达到解脱的目的（见图 5-99）。

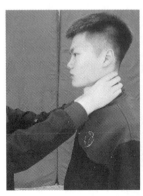  

图 5-99　解脱技术

（二）反制技术

当我方被对方从正面用双手掐住脖子时，我方应迅速收紧下颌以防对方对我方咽喉造成大的压迫，然后用左手从对方两手之间穿过并紧紧地抓住或压住对方左手手掌，再抬起右手由右向左画圆，与此同时身体向左侧旋转，用右侧腋下对对方左手腕进行压迫，通过对其左手腕的控制从而达到反制的目的（见图 5-100）。

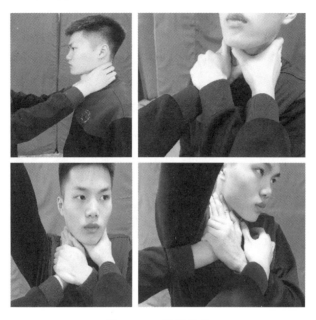

图 5-100　反制技术

四、被对方正面环抱情况下的解脱

（一）双手在外

1　解脱技术

当我方突然被对方从正面环腰抱住且双手在外时，我方应迅速后撤一步以保持身体平衡，然后两手迅速从对方与我方之间插入，并用左手紧紧抓握住右手，与此同时另一只脚后撤，随后身体下压，利用体重对对方脊椎的压迫使对方无法发力从而达到解脱的目的（见图 5-101）。

2　反制技术

当我方突然被对方从正面环腰抱住且双手在外时，我方应迅速后撤一步以保持身体平衡，然后两手迅速屈肘环抱住对方的头部，两脚蹬地发力，整个身体向左侧旋转发力，通过对对方颈椎的反关节控制从而达到反制的目的（见图 5-102）。

图 5-101　解脱技术

图 5-102　反制技术

（二）双手在内 ✈

当我方突然被对方从正面环腰抱住且双手在内时，我方应迅速后撤一步以保持身体平衡，然后身体前倾紧紧地压在对方身体上，与此同时，右脚提膝，迅速向对方的裆部或者下腹部进行前顶膝的攻击，使其疼痛难忍从而被迫放手以达到解脱的目的（见图 5-103）。

图 5-103　解脱与反制技术

五、被对方从背面环抱情况下的解脱

（一）双手在外

1 解脱技术

当我方突然被对方由后环腰抱住且双手在外时，我方应迅速用左手对其左手腕进行抓握，以此达到固定并使之处于我方易于动作实施的位置上，随后我方右手迅速握拳并将中指突出，然后用突出的中指指节用力对对方左手背或右手背进行全力砸击，使对方疼痛难忍被迫松手，从而达到脱离的目的（见图 5-104）。

图 5-104　解脱技术

2 反制技术

解法一：

当我方突然被对方由后环腰抱住且双手在外时，我方应迅速用左手对其右手腕进行抓握，右手屈肘向右后方肘击对方头部，与此同时左手向右前方进行推击，然后右手迅速从对方右肘下穿过并抓握住自己的左手腕，形成木村锁，随后上左脚、身体向右侧旋转对对方进行控肩反制（见图 5-105），此技术也叫站立木村控制。

图 5-105　反制技术（一）

解法二：

当我方突然被对方由后环腰抱住且双手在外时，我方应迅速用左手去抓握对方左手大拇指，与此同时，用力将其大拇指向左侧进行反关节压迫（见图5-106）。

图5-106 反制技术（二）

（二）双手在内

1 解脱技术

解法一：

当我方突然被对方由后环腰抱住且双手在内时，我方身体快速下沉，左脚向左或者右脚向右横跨一步，然后利用左手（或右手）迅速用力向后方（即对方的裆部）进行拍击，使对方迫于疼痛而快速松手，从而达到解脱的目的（见图5-107）。

图5-107 解脱技术（一）

解法二：

当我方突然被对方由后环腰抱住且双手在内时，我方身体快速下沉，与此同时迅速低头看向对方脚的位置,然后抬起一只脚快速有力地向对方同侧脚脚尖的方向踩下去,使对方迫于疼痛而放手,从而达到解脱的目的(见图5-108)。

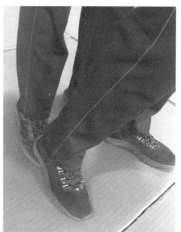

图 5-108　解脱技术(二)

2　反制技术

当我方突然被对方由后环腰抱住且双手在内时,我方身体快速下沉,两臂向前伸直后屈臂,随即跨步、紧腰、撅臀,然后右转用横击肘击打对方的肋骨,与此同时,左手抓住对方右前臂,右手抓住对方右大臂,利用身体下沉并且向左转身的合力将对方摔倒,从而达到反制的目的(见图5-109)。

图 5-109　反制技术

六、被对方正面夹颈情况下的解脱

(一) 解脱技术

当我方在毫无防备的情况下被对方突然从正面夹住我方颈部时,我方左手迅速抓握住对方夹颈的同侧手,然后迅速扬起右手对对方裆部位置用力地拍击,使对方疼痛难忍而松手,从而达到解脱的目的(见图5-110)。

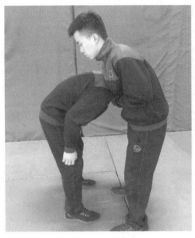

图 5-110　解脱技术

(二) 反制技术

当我方在毫无防备的情况下被对方突然从正面夹住我方颈部时,我方双手迅速抓握住对方夹颈的双手,然后右脚向前跨一步,随即整个身体快速蹬地发力,两手向斜上方进行推举,然后头部向后仰,利用两者的合力对对方夹颈的手臂形成一个反关节的作用,与此同时,两手对对方夹颈手进行牢牢控制,从而达到反制的目的(见图5-111)。

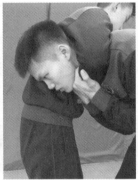

图 5-111　反制技术

七、被对方由后面锁喉情况下的解脱

(一) 解脱技术

当我方被对方从后面突袭锁喉,我方应迅速降低重心、收紧下颌,与此同时,双手屈肘下拉对方锁喉手臂,随后右脚右跨一步或左脚左跨一步,并立即松左手或右手对对方裆部进行用力的拍击,使对方迫于裆部的剧烈疼痛而达到解脱的目的(见图5-112)。

图 5-112　解脱技术

（二）反制技术

当我方被对方从后面突袭锁喉,我方应迅速降低重心、收紧下颌,与此同时,双手屈肘下拉对方锁喉手臂,随后弯腰撅臀、蹬地发力,使用过肩摔动作,达到反制的目的(见图5-113)。

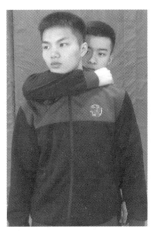

图 5-113　反制技术

八、被对方由侧面夹颈情况下的解脱与反制

（一）解脱技术

当对方由侧面用右手臂夹住我方颈部时,我方应迅速降低身体重心,用双手下拉对方双手,以使其对我方颈部不会造成很大的压迫感,随即左脚迅速后撤至对方右腿后方进一步控制身体平衡,然后看准对方裆部位置,迅速扬起右手用力进行拍击,使对方迫于疼痛而松手,从而达到解脱的目的(见图5-114)。

图 5-114　解脱技术

（二）反制技术

当对方由侧面用右手臂夹住我方颈部时，我方应迅速降低身体重心，用双手下拉对方双手，以使其对我方颈部不会造成很大的压迫感，随即左脚迅速后撤至对方右腿后方进一步控制身体平衡，然后左手从对方身体与我方身体之间抽出，并绕过对方肩部从而对对方下颌进行推压。与此同时，右手用力掰拉对方右手腕，通过左右手的合力，对对方颈部形成一定的控制，从而达到反制的目的（见图 5-115）。

图 5-115　反制技术

九、被封衣领情况下的解脱与反制

（一）解脱技术

解法一：

当对方用右手抓住我方衣领时，我方应迅速用右手按压住对方的右手并向胸口处压紧，与此同时用左手抓住对方右手手臂并快速向右拧转，使其迫于疼痛而松手，从而达到解脱的目的（见图 5-116）。

解法二：

当对方用右手抓住我方衣领时，我方应迅速用左手抓其手腕，以防其逃脱并将其手腕

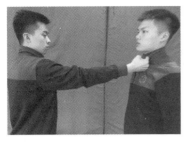

图 5-116　解脱技术（一）

向我方胸部进行按压，对其手腕起到一个折腕效果，然后右手屈肘抬起并向左转体的同时绕过对方右手肘关节进行右下方的下砸，对其肩关节形成一定的作用力，使其迫于疼痛而松手，从而达到解脱的目的（见图 5-117）。

图 5-117　解脱技术（二）

（二）反制技术

解法一：

当对方用右手抓住我方衣领时，我方应迅速用双手对其手腕进行抓握，并将其手背紧紧贴于我方胸部进行强力按压，然后我方身体迅速左转，身体向左下方进行下压扭转，通过两手拧转与身体下压的合力对对方形成反制（见图 5-118）。

图 5-118　反制技术（一）

解法二：

当对方用右手抓住我方衣领时，我方应迅速用左手抓握其右手手腕以防对方滑脱，并向外用力，随之上右脚，右手屈肘由下至上紧紧抓握对方肘关节或者其大臂内侧，然后蹬地用力且右手迅速向右上方进行反向回拉，最终通过左右手的合力对对方肩关节进行反关节控制，从而达到反制的目的（见图5-119）。

图 5-119　反制技术（二）

解法三：

当对方用右手抓住我方衣领，且对方力量巨大，敌我双方力量差距明显时，我方应迅速用左手对其右手手腕进行抓握，用右手对其大拇指侧进行抓握按压，随之用右手手掌大鱼际的位置对准对方右手大拇指的指甲盖位置用力下压，通过关节控制术对其进行反制（见图5-120）。

图 5-120　反制技术（三）

十、当对方进行摆拳或下砸进攻时的反制技术

解法一：

当双方处于对峙状态时，若对方主动用摆拳或者下砸拳对我方进行攻击，我方应迅速抬起左手进行格挡并且顺势对其手腕进行刁抓，与此同时右手由下至上对其手臂进行抓握并且向右下方进行全力回拉，使对方身体旋转，随之左手松开对方手腕并顺势用手掌抵住对方背部以限制其发力，然后右手屈肘对其颈部进行裸绞（右手屈肘紧紧勒住对方脖子并且抓住自己的左手大臂，左手屈肘用手掌紧紧贴住对方后脑，含胸吸气，利用两手之间的合力对对方颈部形成压迫或者对对方咽喉形成压迫）（见图5-121）。

解法二：

当双方处于对峙状态时，若对方主动用下砸拳对我方进行攻击，我方应迅速上右步同时抬右手进行格挡，随后左手屈肘绕过对方大臂抓住自己右手手腕，然后两手同时向斜下方用力，最后通过合力使对方摔倒在地并对其进行控制，此控制技术也叫美洲肩锁，简称美洲锁（见图5-122）。

图 5-121　反制技术（一）

图 5-122　反制技术（二）

第五节　主动控制技术

主动控制是指在对方毫无防备、敌明我暗或者在与对方对峙的情况下进行主动偷袭或者直接采取行动进行控制的过程。主动控制技术分为摔法主动控制技术和关节主动控制技术。

一、摔法主动控制技术

摔法主动控制技术是指先主动贴近对方然后施以相应的技术将对方摔倒进而实施控制的技术，主要有以下几种。

（一）抱膝前顶摔

当对方正在前方进行非法干扰行为或者我方安全保卫人员正与其进行谈判时，我方趁其不备由后方迅速跑步上前靠近对方，随后屈膝，左脚在前、右脚在后，双手环抱对方小腿胫骨处，与此同时我方用肩膀紧靠其腘窝处，随后双手向后、肩膀向前同时用力，通过两者之间的合力将对方摔倒，最后迅速对对方进行骑压控制（见图5-123）。

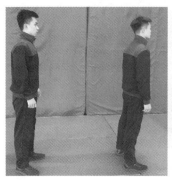

图 5-123　抱膝前顶摔

（二）切别摔

当我方与对方正面互相靠近至体前时，上左步，左手对其右手手腕进行抓握，同时右脚迅速跟进至对方右腿后侧，右手上扬对其颈部和胸部进行切击，通过切击和别腿的合力将对方摔倒（见图5-124）。

图 5-124　切别摔

（三）锁喉摔

当对方正在前方进行非法干扰行为或者我方安全保卫人员正与其进行谈判时，我方趁其不备由后方迅速跑步上前靠近对方,上右脚于对方双脚后侧,若对方身高较高则起右脚踹其双膝,迫使其重心下降。身体稍向左转,右手快速从其颈前穿过并向后拉,同时左手对其左手手腕进行抓握且用力向后下方拉,迫使其失去重心,通过向左转体、勒颈以及左手下拉的合力将对方摔倒在地呈俯卧状,随即用双膝对其肩部进行跪压控制(见图5-125)。

图 5-125　锁喉摔

(四) 抹鼻摔

当对方正在前方进行非法干扰行为或者我方安全保卫人员正与其进行谈判时,我方趁其不备由后方迅速跑步上前靠近对方,上右脚于对方双脚后侧,若对方身高较高则起右脚踹其双膝,迫使其重心下降。身体稍向左转,两手变掌快速对其面部进行按压,与此同时两手屈肘紧贴对方肩胛骨,然后通过双手回拉以及整个身体的力量将对方摔倒(见图5-126)。

图 5-126　抹鼻摔

(五) 盘腿摔

当我方与对方处于正面对峙时,我方迅速向前靠近对方,在与对方只有一步距离时,我方迅速用右脚向前横绕对方左脚踝关节,随后用右大臂夹住对方左大腿,然后整个身体向前下压,通过盘腿动作以及身体体重的下压合力,使对方失去平衡从而摔倒(图5-127)。

图 5-127　盘腿摔

(六) 抱腘窝前顶摔

当我方与对方处于正面对峙时,我方先以直拳进行虚晃,用以转移对方注意力,随后我方迅速上步靠近对方,然后屈膝降低身体重心,双手迅速由两侧向中间用力环抱住对方膝关节后侧腘窝位置,与此同时,我方左(或右)侧肩膀紧紧贴住对方腰腹部,通过两手向后的拉力以及用肩前顶的合力将对方摔倒(见图5-128)。

图 5-128　抱腘窝前顶摔

(七) 抱腿切别摔

当我方与对方处于正面对峙时,我方先以直拳进行虚晃,用以转移对方注意力,随后我方迅速上步靠近对方,然后屈膝降低身体重心,右手抓握对方肩关节,左手迅速抓住对方右腿,并使其紧紧地贴靠于我方身体,随后蹬地站直,身体同时用力向左侧转体,左脚上步攻击对方支撑腿,使对方身体失去重心从而摔倒,进一步达到控制对方的目的(见图5-129)。

图 5-129　抱腿切别摔

二、关节主动控制技术

关节主动控制技术是当我方与对方已经有一定的身体接触时对对方进行控制的良好技术,考虑学生今后工作环境的特殊性,关节主动控制技术主要分为由前主动控制技术与由后主动控制技术。

（一）由前主动控制技术

 撅大拇指控制

1）动作方法

当我方进行示好并且成功与对方进行握手时,我方右手随即松握,其余四指迅速上抬对对方大拇指进行抓握,然后右手用力外旋并向下再向上进行弧形撅指,与此同时,左手迅速对其肩膀或大臂进行抓握控制,双手形成的合力让对方陷入我方控制之中(见图5-130)。

图 5-130　撅大拇指控制

2)要点

右手撅指用力运行路线为弧线,撅指的同时要控制其手臂以防对方通过不断改变右手位置从而减轻痛感而解脱。

2 撅四指控制

1)动作方法

当对方伸右手意欲推击我方胸部或抓我方衣服时,我方迅速后仰或者后撤以调整距离,与此同时,我方出右手对对方右手手指进行迎抓,随即向前撅压并向右下翻转折压其手腕使之下蹲或下跪(见图5-131)。

2)要点

我方右手对对方右手四指进行撅压翻转的同时,用身体整体的力量对其进行控制,以防其右手翻肘解脱。

图 5-131 撅四指控制

3 站立木村控制

1)动作方法

当对方行进至我方附近时,我方迅速上右步靠近对方左侧,随后用右手抓住对方左手手腕,我方左手由外向里绕过对方大臂对我方右手手腕进行抓握,然后身体向左转,通过左转的力以及左手下压、右手上推的合力对对方肩关节进行控制(见图5-132)。

图 5-132 站立木村控制

2)要点

右手推腕与左手的屈肘下压动作要协调统一,同时进行,若衔接不好将不会对对方的肩关节形成大的反关节作用力。

4 折腕控制

1）动作方法

当对方经过我方附近时,我方迅速起身上步接近对方左侧,然后左手对其大臂内侧进行抓握回拉至我方胸口处,同时右手抓其左手腕并向后推去,随后右手对其左手进行折腕控制,同时松开左手与右手一起对对方左手手腕进行折压,最后通过胸部前顶以及两手折腕的合力达到控制对方的目的(见图5-133)。

2）要点

左手回拉对方左手大臂内侧与右手向前推击折腕须同时进行,否则动作将很难成功实施。

图 5-133　折腕控制

5 击腹锁喉(断头台)控制

1）动作方法

当双方处于对峙状态或者对方向前行进至我方附近时,我方左脚向前迈进一步,左手抓握对方右手手腕,以右勾拳攻击对方腹部,趁对方腹痛弯腰之际,我方右手迅速屈肘环绕对方脖颈,与此同时,左手松开迅速抓握我方右手腕,并向我方身体处进行向上提拉,形成断头台姿势,从而对对方颈椎实施控制(见图5-134)。

图 5-134　击腹锁喉(断头台)控制

2）要点

打中有拿、拿中有打、先打后拿，要想对对方实施击腹锁喉控制，我方必须先对对方腰腹部进行攻击，否则后续动作无法进行。

6 卷腕控制

1）动作方法

当对方用右手对我方进行推搡或者用右手对我方指指点点时，我方抬起双手用以示意我方不想惹事也表示我方没有器械在身，然后乘其不备迅速上步，用两手对其伸出的手进行抓握，两手大拇指按压对方手背，其余四指对其大小鱼际进行抠抓，然后迅速向另一侧蹬地转体，同时屈肘下压，通过对对方手腕的反关节作用而控制对方（见图5-135）。

2）要点

抓腕同时要屈肘使对方贴近自己身体，然后再转体下压，这样的话便可以有效利用双手手腕的力量和整个身体力量的合力，否则单纯依靠手腕的力量很难控制住对方。

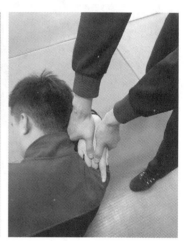

图 5-135 卷腕控制

7 切腕控制

1）动作方法

当对方用右手对我方进行推搡或者用右手对我方指指点点时，我方抬起双手用以示意我方不想惹事也表示我方没有器械在身，然后乘其不备迅速上步，用两手对其伸出的手进行抓握（右手大拇指抠抓虎口处，其他四指抠抓小鱼际，左手抓握对方手腕处），随后身体右转，同时翻折对方右手掌，当对方右手掌与地面垂直时，我方两手迅速向斜下方用力下压，通过对手腕下压的作用力控制其腕、其身（见图5-136）。

2）要点

两手对握后，身体右转，同时对对方右手手掌进行翻折，翻折至与尺骨垂直，否则动作很难达到应有效果。

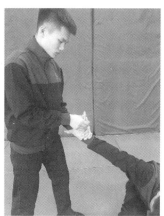

图 5-136　切腕控制

（二）由后主动控制技术

1　压点控制

1）动作方法

当对方抢占别人座位或者静坐于客舱过道而影响客舱秩序时，我方从一侧接近对方，用一条腿顶住其腰部，同时用手和肘关节对其头部进行控制与固定，以防其随意扭动而影响另一手动作的实施。随后用另一手的大拇指前端部位对其下颌神经进行用力按压，让其迫于疼痛而站立，最后带离座位，从而达到控制的目的（见图 5-137）。

2）要点

首先需要用手和肘关节对其头部进行控制，使其不能随意移动其头部，其次就是按压位置与按压的方向必须准确，否则会因为对方的痛感不够造成控制动作不成功。

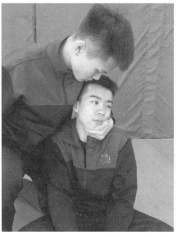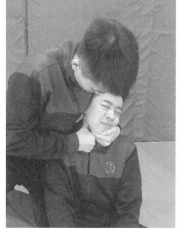

图 5-137　压点控制

2 切鼻控制

1）动作方法

当对方抢占别人座位或者我方腿部被对方紧紧抱住时,我方迅速降低重心靠近对方,随后我方用手和肘关节对远离我方的一侧面颊进行固定,以防止对方头部的移动。然后我方迅速用右手食指上端位置紧贴对方的鼻侧并向斜上方用力,使对方迫于疼痛而起身离开所坐位置(见图 5-138)。

2）要点

首先需要用手和肘关节对其头部进行控制,使其不能随意移动其头部,其次就是按压的位置与按压的方向必须准确,否则会因为对方的痛感不够造成控制动作不成功。

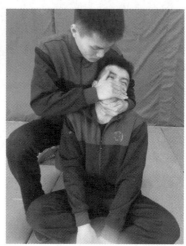

图 5-138　切鼻控制

3 裸绞控制

1）血绞

(1) 动作方法。

当对方正在进行非法干扰行为或者正与我方安全保卫人员进行谈判时,我方趁其不备由后方靠近对方,右手迅速屈肘,肘尖朝前,同时屈左肘且让右手紧紧握住我方左手大臂,左手掌心向前,对对方后脑进行向前的推击。最后含胸吸气,通过挤压对方颈部两侧的颈动脉而使对方出现脑供血不足从而达到控制的目的(见图 5-139)。

(2) 要点。

肘尖朝前,大小臂成"V"字形且大小臂之间的夹角越小越好,含胸吸气,要使对方背部紧贴我方胸部,否则会因对对方两侧颈动脉施加的压力不够而使对方找出破绽从而逃脱。

2）气绞

(1) 动作方法。

当对方正在进行非法干扰行为或者正与我方安全保卫人员进行谈判时,我方趁其不备由后方靠近对方,右手迅速屈肘,用前臂桡骨对对方咽喉进行挤压,与此同时,屈左肘且让右手紧紧握住我方左手大臂,左手掌心向前,对对方后脑进行向前的推击。最后含胸吸气,通过挤压对方咽喉使对方呼吸困难从而达到控制的目的(见图5-140)。

(2)要点。

我方右手前臂桡骨紧贴对方咽喉位置,含胸吸气,要使对方背部紧贴我方胸部,否则会因对对方咽喉部位施加的压力不够而使对方找出破绽从而逃脱。

图5-139 血绞

图5-140 气绞

4 折腕控制

1)动作方法

我方由后方接近对方,用右(左)手抓握其右(左)手腕,左(右)手将其肘关节控制,并将其肘关节夹紧控制在我方腋下,随即将其右(左)前臂屈肘上提,用双手对其进行向下折腕并抓拿控制(见图5-141)。

2)要点

要将对方肘关节夹紧并控制在我方腋下,否则会因为对方肘关节的活动而使我方控制不成功。

5 挑臂压颈

1)动作方法

当对方正在前方进行非法干扰或者正与我方安全保卫人员进行推搡时,我方迅速靠近对方,随后上左步,与此同时双手屈肘,并从对方两侧腋下上挑,随后两手在对方脖颈后十字交叉下压,并将对方紧紧地贴向自己。通过上挑和下压的合力将对方牢牢控制在我方之下(见图5-142)。

2)要点

上挑、下压动作须快速有力且衔接顺畅,下压的位置和用力方向须准确,否则会因为压力不够而使对方的痛感不够最后造成控制动作不成功。

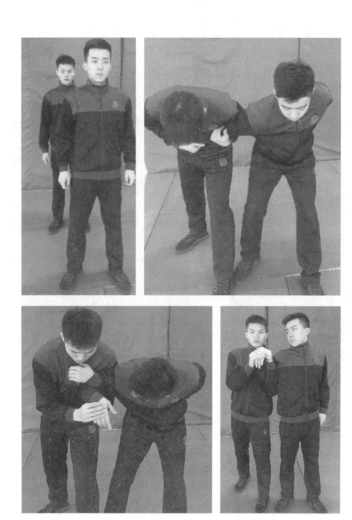

图 5-141 折腕控制

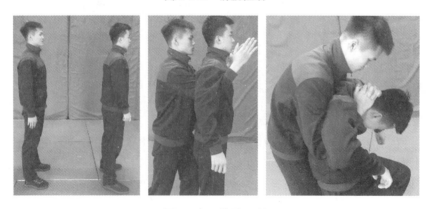

图 5-142 挑臂压颈

6 压肘控制

1）动作方法

当对方在前方进行扰乱行为且不听从我方安全员的指令停止其行为时，我方迅速从后方靠近对方,随后迅速对其右臂或左臂进行环抱(控制其右臂时我方左手指尖朝上、掌心向后对其大臂进行环抱,右手指尖朝上、掌心亦向后对其右手腕进行抓握;控制其左臂时我方右手指尖朝上、掌心向后对其大臂进行环抱,左手指尖朝上、掌心亦向后对其右手腕进行抓握)并将其紧紧贴近于我方胸部,然后整个身体对其肘关节进行快速下压,以期通过控制其肘关节而控制其全身(见图5-143)。

2)要点

环抱动作须快速准确,身体紧贴对方肘关节,下压时用全身力量而非单靠双手的后拉作用。

图 5-143 压肘控制

7 三角锁

1)动作方法

当对方在我方前部进行扰乱客舱秩序行为且不听从我方安全员的指令立即停止该行为时,或者其正在进行非法干扰行为时,我方应立即由后方快速上步贴近对方,并用右(左)手用力抓握其右(左)侧手腕,随后我方左(右)手快速绕过对方前臂而抓握住我方右(左)手手腕形成一个三角形,最后靠近对方一侧的脚稍后撤,向左后方(右后方)转体,与此同时两手快速上推,通过三角锁技术对对方手臂达到控制目的(见图5-144)。

2)要点

抓握要准、狠;三角搭扣要及时,动作要规范;撤步转体用力须协调。

8 压肩控制

1)动作方法

当对方在进行扰乱客舱秩序行为且不听从我方安全员的指令立即停止该行为时,或者其正在进行非法干扰行为由后向前行进至我方体侧或稍处于前部时,我方右(左)臂迅速由前向后穿插对方左(右)臂,与此同时屈肘下压其肩膀,随后左(右)手紧紧地对我方右(左)手手腕进行抓握,通过整个身体的合力对对方肩膀进行控制(见图5-145)。

图 5-144　三角锁

2）要点

穿臂下压要快速、准确而有力；抓腕下压要紧贴对方身体。

图 5-145　压肩控制

第六章　航空安全员徒手格斗与控防的技术训练

 **学习目标**

知识目标
①了解徒手格斗与控防技术提升所需经历的过程。
②了解技术运用的要求。

能力目标
能够熟练掌握技术运用的尺度。

情感目标
加强学生对于技术形成机制与训练方法的认识。

航空安全员的徒手格斗与控防技术训练是其形成技术以及是否能够在特情处置时成功将技术进行施展的重要决定因素。

 第一节　航空安全员徒手格斗与控防的技术形成机制

每个人的技能形成有其内在规律，受练习者自身生理、心理以及文化、社会因素的影响。运动技能形成的生理机制是以人的大脑皮质运动为基础建立的运动条件反射的暂时性神经联系。因此，航空安全员徒手格斗与控防运动技能的形成过程就是建立复杂的、连锁的、本体感受性运动条件反射的过程，也就是经过泛化阶段、分化阶段、固化阶段直至最后的动作自动化阶段从而形成一整套固定形式反应的现象，也称为动力定型。

 第二节　航空安全员徒手格斗与控防的技术训练方法

技术训练水平的高低取决于两方面的因素：一是技术训练过程中教练员所采用的教学方法是否简单易学、是否科学有效、是对不同群体或个体进行区别对待、是否遵循循序渐进的原则等；二是学生在训练过程中是否对技术有足够的学习动机、是否严格执行了教练员的训练计划、是否理解技术形成的基本原理、是否进行了足够量的积累等。在航空安全员徒手格斗与控防的技术训练中，教练员经常采用的教学方法有：语言讲授法、直观法、完整与分解结合法、加减难度法等。

在运用语言讲授法进行技术训练时要注意用词的准确、简练,而不能完全用自己习惯的口头用语进行指导,这样容易造成理解偏差。例如,教练员在技术练习时经常提示学生要"腰似弹簧""有穿透力"、有击打的"力点",可这恰恰忽略了受众群体的水平,因为他们并不是专业运动员,没有相关项目的训练经验,不如直接表达成"要用身体的整力,腰马合一"更合适,更有针对性。

直观法可以使学生的感觉器官快速建立联系表象,帮助学生获得感性的认识,从而提高练习技术水平。例如,通过观摩高水平运动员的技术动作录像、现场示范等启发学生的思维,形成正确的动作概念,并通过反复练习达到较快掌握技术的目的。

完整与分解结合法的使用可以先让学生有一个整体的、鲜活的概念,整套技术动作有机衔接、一气呵成;随后可以通过分解法强化重要环节、分解难点,为最后吃透、学透技术提供基础。例如,在摆拳的教学过程中先使学生对其运动轨迹有一个清晰的认知,知道其运动轨迹为一个水平面上的半圆,然后再将该技术的动作进行分解练习,这样才能让学生在学习摆拳技术时不会出现卡壳和机械化的情况。

加减难度法是根据训练任务的要求来安排技术训练内容难易度的方法。第一学期刚接触该门课程的学生可以适当降低难度以便于掌握技术;而对于具备了一定训练经验的学生则采用提高难度的方法。这样可以不断激发学生努力训练的斗志以及提高训练的成就感。

第三节　航空安全员徒手格斗与控防技术训练的具体实施手段

格斗与控防技术训练的具体实施手段是多种多样的,既可以根据人数多少分为单人练习与多人练习、分组练习与集体练习;也可以根据练习的组织形式分为集体练习与流水单人练习;还可以根据是否借助器械分为空手练习与持械辅助练习等。下面对日常训练中经常使用的空击练习、打靶练习、条件对抗练习进行具体介绍。

(一) 空击练习

空击练习是指徒手进行格斗时单个或组合技术的演练以及控防动作流程的套路演练。俗话说"拳练千遍,其法自现",因为通过规范动作的反复练习可以改善和强化神经系统对肌肉的支配能力,从而巩固基础,提高动作完成质量。

不同的技术形式其空击要求也略有不同,因而需要做到针对具体技术进行具体空击练习。格斗单个技术的空击练习要求动作规范、力点明确、攻防兼备。组合动作和航空安全员徒手格斗与控防技术的空击演练要在格斗单个技术要求的基础上重点强调各技术之间衔接的顺畅性,如果动作演练时出现了脱节现象,那么组合技术便失去了其预期的功能性。

(二) 打靶练习

打靶练习是指借助外在器械和人员配合,对靶具进行攻击的一种训练方法,这种方法跟空击练习相比更具效果性,因为它可以让学生更好地掌握进攻的距离、时机、路线和发力点等动作要素,培养学生的攻防意识,提高学生的攻防能力。

(三) 条件对抗练习

条件对抗练习是指学生按照事先设计好的场景和实战攻防流程而进行的模拟实战,也是为了提高某项技术的实战能力而采取的限定部分技术使用的实战对抗训练。学生通过条件对抗练习可以发现自身在智能、技能、心理、体能等方面存在的问题,从而为改进技术环节和细节、改变训练手段、提高训练的针对性提供真实依据。

第四节 航空安全员徒手格斗与控防技术的运用特征

在客舱环境中,受制于其空间狭小、高空不平衡性、低压低氧等现实因素,航空安全员要想快速消除对方战斗力并进一步对其进行控制,就要在使用航空安全员徒手格斗与控防技术时做到:快、准、狠、隐、变。

"快"是指速度,具体表现在反应快、启动快、完成快、还原快几个方面。只有反应快才能更好地抓住稍纵即逝的时机,实施有效进攻和防守反击;只有启动快、完成快才能击中对手;而还原快一方面可以减少暴露面,使对手难以抓住反击的空当和时机,另一方面也为后续的进攻动作提前做好准备。

"准"是指动作击打力点清晰、有效,刚好击打到航空安全员要攻击的位置。作为机上执勤的航空安全员,动作准确必须做到以下几点:①判断准确,只有对行为人的空当、距离、移动路线、防守习性等有较为准确的把握,才能做出准确判断;②技术娴熟,可以准确做到指哪打哪。

"狠"是指完成动作时击打力道充分,效果好。干净利落且凶狠的技术可以对行为人起到威慑作用从而为进一步的控制奠定基础。

"隐"是指技术动作的使用征兆性特别小。这就要求航空安全员在运用技术时动作幅度应尽量缩小,只有这样才能瞬间制敌。

"变"是指技术要因地制宜、因势而变。在实际对抗的过程中敌我双方位置、攻防姿态都会千变万化,这时便要求航空安全员熟练掌握运用技术的能力,随机应变。

第七章 航空安全员徒手格斗与控防的心理训练

知识目标
①了解航空安全员徒手格斗与控防的心理训练方法。
②了解训练过程中可能出现的一些影响训练效果的心理状态。

能力目标
能够熟练调整不同的心理状态并引导其向更好的方向发展。

情感目标
引导学生在面对任何事情时都有一个积极的心态。

  航空安全员的心理能力是指其在机上执勤过程中的个性心理特征,以及依据航空安全员徒手格斗与控防的需要把握和调整心理过程的能力。良好的心理素质是航空安全员在机上执勤过程中特别重要的基本素质,既要胆大心细还要沉着冷静。当在客舱还未出现任何特殊情况之时,我们的航空安全员需要心细如发,时刻关注客舱动态,既对人也对事,及时发现任何不对劲的苗头并将其扼杀在摇篮之中。而当特情切切实实地发生之时,我们的航空安全员要有足够的勇气站出来进行特情的处理而不能战战兢兢、不知所措。

  良好的心理能力可以使航空安全员在处理特情时抵抗住犯罪行为人突如其来的攻击行为并最终扭转局势、反败为胜。在与犯罪行为人进行对峙或在此消彼长的强烈对抗中,心理的较量是除了技术能力本身之外的重要较量,也是获取最终胜利不可或缺的法宝之一。

第一节 航空安全员徒手格斗与控防的心理训练方法

一、情景模拟训练法

  如果可以在平时的训练中进行不同情景的模拟,且模拟的条件越符合机上实际情形,那么航空安全员的适应能力则会越好,其情绪控制力也会越强。只有在平时的训练中对航空安全员在今后的工作环境当中所能遇到的扰乱行为和非法干扰行为都进行了一定程度的还原并进行了针对性的处置教学,这样他们在今后的实际工作中遇到类似的事件时便能心里有底、游刃有余。

二、加难训练法

加难训练法是指在航空安全员徒手格斗与控防的教学过程中增加对抗和控防的难度，以此提高其心理适应能力，从而使其保持良好心理状态的训练方法。比如，教练员在训练过程中将水平较高的一方作为犯罪行为人的扮演者，这样学生在技术使用的过程中便不可能那么顺畅，相反有很大的可能被对方反制，如此便要求其不断地调整战术，不断地挑战高难度训练，这样，当他们真正遇到棘手的情况时才不会无所适从、不敢应敌。

三、意念训练法

意念训练法是指航空安全员有意识地、积极地利用头脑中已经形成的技术动作表象进行训练的方法。意念训练法对战术训练作用显著，如对情景模拟中某个技术动作的想象和回忆，将技术使用的要领与方法进行反复体验，这将增加对大脑中这一战术使用的"痕迹"，然后在训练中将这些"痕迹"激活，便可以使动作完成得更加准确、流畅。

第二节 克服航空安全员徒手格斗与控防过程中常见心理问题的方法

一、克服心理紧张的方法

适度的心理紧张对于机上执勤的航空安全员来说具有一定的促进作用，但是如果执勤过程中过度紧张，则会造成大脑皮层对植物神经系统的调节活动减弱，导致呼吸短促、心跳加快，更有甚者四肢颤抖、尿频，甚至失去控制自己行动的能力，这必然对保障人机安全是极为不利的。因为造成心理过分紧张的原因很多，如时差还没调整好、睡眠不足、压力过大、航线等级高、处于重大会议期间等，所以我们需要针对不同原因采取不同解决方法，有以下几种方法可供参考。

（一）排尿调节法

人在情绪过分紧张时，会出现尿频现象。如果能及时排尿，则会使航空安全员产生愉悦快感，从而使心理和肌肉得到放松。

（二）呼吸放松法

呼吸放松法即通过深呼吸达到放松肌肉的目的。这一过程是循序渐进的，经过几次提示之后，学生会慢慢学会自己独立完成。

(三)表象放松法

这种方法是使学生想象其通常感到放松与舒适的环境,并将自身置于这个环境之中,从而使身体得到放松。

二、克服心理恐惧的方法

航空安全员的恐惧心理主要来源于特情发生的不确定性、所遇对手的不确定性以及对自身技术能力的不自信等。

(一)加强技术练习

通过不断加强航空安全员徒手格斗与控防技术的练习,航空安全员会对自身的技术水平产生一定的自信,这样其面对机上特情的发生和处理时便不再畏惧。

(二)加大情景教学力度

在日常教学活动中加大情景模拟教学的力度,将空中可能发生的扰乱行为和非法干扰行为都进行多方面的模拟,并对相应的处置手段进行教学和实践。这样航空安全员便不会有对未知事物的恐惧感了。

三、克服心理焦虑的方法

航空安全员在执勤前由于预期自己会遇到某种伤害或危险而产生一些担忧,一般表现为焦虑、恐慌和紧张情绪,具体表现为坐卧不宁,缺乏安全感,整天提心吊胆,心烦意乱,注意力无法集中,容易疲劳,对外界事物失去兴趣等。这些都属于心理焦虑的外在表现,克服心理焦虑有以下几种方法。

(一)放松训练

执勤前进行积极的想象,不要凡事都只想最坏的结果,在此基础上做一些放松性的训练或者按摩,以此放松身心,消除焦虑情绪。

(二)表象训练法

在执勤之前将飞行过程中可能会遇到的一些情况在脑海中大致过一遍,并对相应的处理手段进行演练,以此消除焦虑情绪。

四、克服盲目自信的方法

航空安全员在执勤过程中由于遇到扰乱与非法干扰类事件的概率不大,故而麻痹大意、不以为然,总觉得不会有什么大事发生,而一般小事都在自己的掌控之中。这样会导致航空安全员在执勤时注意力不集中,思维迟缓,自以为是。克服盲目自信有以下几种方法可供参考。

(一) 表扬与打击相结合

在日常的训练中,要肯定学生的进步,与此同时还得适当地泼冷水,告知其人外有人,天外有天,其还需不断地努力进取。

(二) 引导学生辩证、全面地分析问题

在日常授课过程中,教师通过讲解近年来发生的一些劫机事件,使学生了解国内空防形势虽然一片大好,但还会发生一些不可预知的严重事件,如果航空安全员没能做好万全准备,则可能会造成不可预知的严重后果。

第八章 航空安全员徒手格斗与控防的损伤预防和简易处理

 学习目标

- **知识目标**
  ①了解如何进行损伤的预防。
  ②了解在训练过程中会出现哪些相关性的损伤。
- **能力目标**
  能够简单处理在训练过程中出现的一些常见性的损伤。
- **情感目标**
  激发学生对于损伤预防的高度重视。

航空安全保卫专业的学生在以后的工作环境中的职责是保护机组成员和乘客以及航空器的安全,安全第一,因此航空安全保卫专业的学生的安全意识必须强于常人。安全意识的培养不能单单依赖于工作之后,而应在在校期间的技能训练中就有涉及。要想保护他人就必须先学会如何保证自己的安全,可以先从如何保证自己不受伤开始入手。比如,学生在训练之前需要知道航空安全员徒手格斗与控防的训练过程中哪些技术的练习会有损伤风险、会有什么样的损伤风险;还需要知道在训练过程中怎么去进行损伤的预防;以及当损伤发生时如何进行简易的处理以使损伤能够较快地恢复。只有将安全意识的教育贯彻于每一堂的训练课之中,学生才能逐步成长为一名优秀的航空安全员。

 ## 第一节 损伤预防

航空安全员徒手格斗与控防的训练过程中,必须循序渐进地增加负荷的量和强度,不可急于求成,否则容易给学生身体造成不可逆的伤害。同时在训练过程中,一定要贯彻全面发展的原则,既要重视技术的全面性,又要重视身体不同部位训练的全面性。适时恢复也是避免身体损伤的重要措施,学生在全身疲劳或身体局部疲劳的情况下,其损伤发生的可能性会更大。因此,身体在强负荷的训练之后,适时地进行恢复,对预防损伤十分重要。

一、加强安全保护意识

学生要做到安全至上,意识先行。思维是行动的先导,保护自己避免受到损伤的行动也源于保护意识。只有具备一定的安全保护意识才不会麻痹大意,以致出现一些不应该发生的损伤。加强安全意识需要先了解以下几点。

(一) 了解损伤所带来的严重后果

运动损伤轻则影响正常的生活和训练,重则丧失运动能力、葬送职业前景。

(二) 不同技术训练所存在的损伤隐患

只有真正了解各种技术训练所存在的损伤隐患,学生才能学会如何去规避其发生。例如,接触性攻防时,摆拳容易击打到后脑使大脑出现眩晕感,重则休克或有生命危险;学生在腿部防守练习时可能会使小腿前部软组织受伤;关节控制时若力道掌握不好则容易造成关节损伤或脱臼等。

二、提高自我保护能力

当学生具备一定的安全保护意识之后,应针对航空安全员徒手格斗与控防训练中存在的安全隐患,采取有效的保护措施和应对技巧,提高自我保护能力。熟练掌握各种跌倒技巧、使用各种运动保护设备、逐渐增加运动强度等,都是提高自我保护能力的一部分。

三、准备活动要充分、放松活动要重视

在现行的体育活动中准备活动往往存在着活动不充分、不专业、没有针对性等问题。比如,在关节控制教学时只采取跑的方式来进行热身,这明显是不够也不具备针对性的,学生还是会大概率地出现关节损伤的问题。

此外,课后的放松活动也需要重视。训练学中有这么一句话,没有放松就没有提高。一次训练课结束后如果没有放松,疲劳就会累积,时间一久便会出现过度疲劳的现象。因此,准备活动要充分、放松活动要重视。

四、训练纪律需严格

一切行动听指挥,无规矩不成方圆,为了保证教学训练的顺利进行,教师在组织教学训练时,必须有严格的训练纪律。教师作为训练的引导者拥有较为丰富的专业经历,学生若不按其要求进行,损伤发生的可能性就会大大提高。因此,制定严格的训练纪律,不允许学生在训练期间嬉戏打闹,也是避免其受伤的重要措施。

五、加强易受伤部位肌肉的力量

研究表明,力量素质好的人其受伤的概率会小一些。所以学生在日常的训练中应当加强肌肉力量的练习,尤其是易伤部位的肌肉力量的练习。航空安全员徒手格斗与控防训练

过程中较容易受伤的是手腕、肘关节、肩关节、膝关节和踝关节等部位,故而在训练过程中需要加强这些部位和相应周围肌肉群的针对性练习。

第二节 损伤的简易处理方法

航空安全员徒手格斗与控防训练中损伤的发生多为急性损伤,其中又以闭合性软组织损伤较为常见,其次为关节韧带损伤和肌肉拉伤,如肩关节的拉伤、膝关节副韧带的拉伤、踝关节的扭伤等。航空安全保卫专业的学生虽不是医学院的学生,但对常见的损伤急性处理方法也需要有一定的掌握,这样既能预防损伤的恶化还可以加快损伤的修复。下面就航空安全员徒手格斗与控防训练中常见损伤的简易处理方法进行阐述。

一、外出血的处理

(一)运动性鼻出血

鼻子是人身体中的要害部位,故而在航空安全员徒手格斗与控防的日常训练中经常会有针对鼻子进行攻击的方法教学。在鼻子受到外力打击时,绝大多数会发生运动性鼻出血,即鼻子受伤后,鼻孔一侧或两侧流血、疼痛、肿胀。如果救治不及时而流血过多,或过度紧张而流血不止时,患者会出现面色苍白、手脚发凉、心跳加快、血压急剧下降等症状,甚至有陷入休克的危险。

鼻子被击出血后,在现场急救时,应采取压迫法进行止血,用拇指、食指捏住鼻翼2—5分钟;同时可做头、颈部冷敷。

(二)颞浅动脉出血

在眼角附近,颞浅动脉及其分支常常会因重击而出血,出血的量多且速度快。通常可采用指压颞浅动脉止血法进行止血,具体操作是:在伤侧耳前,一只手的拇指对准下颌关节压迫颞浅动脉,另一只手固定伤员头部。

二、软组织损伤处理

(一)擦伤处理

在航空安全员徒手格斗与控防技术的训练过程中,拳套与皮肤、肢体之间的接触以及许多倒地动作都容易导致其皮肤的擦伤。擦伤是指皮肤表面受伤,是外伤中最轻、最常见的一种,擦伤的处理办法是最好能用生理盐水冲洗消毒,然后外用凡士林纱布进行包扎,使其不外露于空气即可。

（二）挫伤处理

挫伤是指对抗性接触过多、按摩过度而产生的伤口。其特征为有疼痛感、肿胀及出血等。挫伤属于闭合性伤口，一般情况下不会产生感染，但严重的挫伤会由于肿胀过度而阻碍血液循环，引起较为严重的后果。其紧急处理方法为让患者休息并且对患处进行局部冰敷。

三、肌肉拉伤处理

肌肉拉伤后，轻则局部疼痛、肿胀，活动功能受限。重则肌肉断裂且伴随有针刺般的疼痛感，随即失去控制相应关节的能力，部分功能丧失。肌肉拉伤常见于大腿后肌群、股四头肌、内收肌以及背部的肌肉拉伤。处理方法为：受伤后应立即停止运动或训练，适当抬高患肢并休息；局部冷敷，然后用绷带或小手巾做加压包扎，促使血管收缩，减少出血，减轻肿胀，一天之内切忌热敷和乱揉、乱捏。剧烈疼痛者，可内服止痛药物镇痛；两天后可进行局部热敷、按摩、红外线照射等物理治疗；拉伤严重、有肌肉断裂者，应速去医院诊治。

四、韧带拉伤处理

在航空安全员徒手格斗与控防训练中，尤其是运用关节控制技术时，学生对力道的把握不是很准确，故而会使关节发生超常范围的运动，关节内外韧带受到过度的外力冲击而造成损伤。轻则少量韧带纤维断裂，重则部分韧带纤维断裂或韧带完全断裂，甚至引起关节半脱位或完全脱位。出现此类损伤时的处理方法为：韧带出现一般损伤时，学生应停止活动并进行气雾剂类药物的喷雾处理；韧带完全断裂者，固定伤处后送医院处理，以争取早期手术缝合或固定。

五、骨折处理

骨折是一种严重创伤，分为闭合性骨折和开放性骨折。骨折处皮肤完整，骨断端不与外界相通，称为闭合性骨折；骨折部位有伤口，骨断端与外界相通，称为开放性骨折。有伤口或有骨折端从伤口外露的伤员，应先清洁伤口，再用消毒巾或清洁敷料包扎，以免感染，并用最快的速度将其送医治疗。有出血伴随的骨折病人，应紧急采用止血方法，然后再进行送医处理。闭合性骨折应先进行固定，这样可以避免增加损伤，减轻伤员痛苦，便于搬运等。

附录 处置机上违法犯罪行为的相关法律法规

《中华人民共和国民用航空安全保卫条例》

第一章 总 则

第一条 为了防止对民用航空活动的非法干扰,维护民用航空秩序,保障民用航空安全,制定本条例。

第二条 本条例适用于在中华人民共和国领域内的一切民用航空活动以及与民用航空活动有关的单位和个人。

在中华人民共和国领域外从事民用航空活动的具有中华人民共和国国籍的民用航空器适用本条例;但是,中华人民共和国缔结或者参加的国际条约另有规定的除外。

第三条 民用航空安全保卫工作实行统一管理、分工负责的原则。

民用航空公安机关(以下简称民航公安机关)负责对民用航空安全保卫工作实施统一管理、检查和监督。

第四条 有关地方人民政府与民用航空单位应当密切配合,共同维护民用航空安全。

第五条 旅客、货物托运人和收货人以及其他进入机场的人员,应当遵守民用航空安全管理的法律、法规和规章。

第六条 民用机场经营人和民用航空器经营人应当履行下列职责:

(一)制定本单位民用航空安全保卫方案,并报国务院民用航空主管部门备案;

(二)严格实行有关民用航空安全保卫的措施;

(三)定期进行民用航空安全保卫训练,及时消除危及民用航空安全的隐患。

与中华人民共和国通航的外国民用航空企业,应当向国务院民用航空主管部门报送民用航空安全保卫方案。

第七条 公民有权向民航公安机关举报预谋劫持、破坏民用航空器或者其他危害民用航空安全的行为。

第八条 对维护民用航空安全做出突出贡献的单位或者个人,由有关人民政府或者国务院民用航空主管部门给予奖励。

第二章 民用机场的安全保卫

第九条 民用机场(包括军民合用机场中的民用部分,下同)的新建、改建或者扩建,应当符合国务院民用航空主管部门关于民用机场安全保卫设施建设的规定。

第十条　民用机场开放使用,应当具备下列安全保卫条件：

（一）设有机场控制区并配备专职警卫人员；

（二）设有符合标准的防护围栏和巡逻通道；

（三）设有安全保卫机构并配备相应的人员和装备；

（四）设有安全检查机构并配备与机场运输量相适应的人员和检查设备；

（五）设有专职消防组织并按照机场消防等级配备人员和设备；

（六）订有应急处置方案并配备必要的应急援救设备。

第十一条　机场控制区应当根据安全保卫的需要,划定为候机隔离区、行李分检装卸区、航空器活动区和维修区、货物存放区等,并分别设置安全防护设施和明显标志。

第十二条　机场控制区应当有严密的安全保卫措施,实行封闭式分区管理。具体管理办法由国务院民用航空主管部门制定。

第十三条　人员与车辆进入机场控制区,必须佩带机场控制区通行证并接受警卫人员的检查。

机场控制区通行证,由民航公安机关按照国务院民用航空主管部门的有关规定制发和管理。

第十四条　在航空器活动区和维修区内的人员、车辆必须按照规定路线行进,车辆、设备必须在指定位置停放,一切人员、车辆必须避让航空器。

第十五条　停放在机场的民用航空器必须有专人警卫；各有关部门及其工作人员必须严格执行航空器警卫交接制度。

第十六条　机场内禁止下列行为：

（一）攀（钻）越、损毁机场防护围栏及其他安全防护设施；

（二）在机场控制区内狩猎、放牧、晾晒谷物、教练驾驶车辆；

（三）无机场控制区通行证进入机场控制区；

（四）随意穿越航空器跑道、滑行道；

（五）强行登、占航空器；

（六）谎报险情,制造混乱；

（七）扰乱机场秩序的其他行为。

第三章　民用航空营运的安全保卫

第十七条　承运人及其代理人出售客票,必须符合国务院民用航空主管部门的有关规定；对不符合规定的,不得售予客票。

第十八条　承运人办理承运手续时,必须核对乘机人和行李。

第十九条　旅客登机时,承运人必须核对旅客人数。

对已经办理登机手续而未登机的旅客的行李,不得装入或者留在航空器内。

旅客在航空器飞行中途中止旅行时,必须将其行李卸下。

第二十条　承运人对承运的行李、货物,在地面存储和运输期间,必须有专人监管。

第二十一条　配制、装载供应品的单位对装入航空器的供应品,必须保证其安全性。

第二十二条　航空器在飞行中的安全保卫工作由机长统一负责。

航空安全员在机长领导下,承担安全保卫的具体工作。

机长、航空安全员和机组其他成员,应当严格履行职责,保护民用航空器及其所载人员和财产的安全。

第二十三条　机长在执行职务时,可以行使下列权力:

(一)在航空器起飞前,发现有关方面对航空器未采取本条例规定的安全措施的,拒绝起飞;

(二)在航空器飞行中,对扰乱航空器内秩序、干扰机组人员正常工作而不听劝阻的人,采取必要的管束措施;

(三)在航空器飞行中,对劫持、破坏航空器或者其他危及安全的行为,采取必要的措施;

(四)在航空器飞行中遇到特殊情况时,对航空器的处置作最后决定。

第二十四条　禁止下列扰乱民用航空营运秩序的行为:

(一)倒卖购票证件、客票和航空运输企业的有效订座凭证;

(二)冒用他人身份证件购票、登机;

(三)利用客票交运或者捎带非旅客本人的行李物品;

(四)将未经安全检查或者采取其他安全措施的物品装入航空器。

第二十五条　航空器内禁止下列行为:

(一)在禁烟区吸烟;

(二)抢占座位、行李舱(架);

(三)打架、酗酒、寻衅滋事;

(四)盗窃、故意损坏或者擅自移动救生物品和设备;

(五)危及飞行安全和扰乱航空器内秩序的其他行为。

第四章　安全检查

第二十六条　乘坐民用航空器的旅客和其他人员及其携带的行李物品,必须接受安全检查;但是,国务院规定免检的除外。

拒绝接受安全检查的,不准登机,损失自行承担。

第二十七条　安全检查人员应当查验旅客客票、身份证件和登机牌,使用仪器或者手工对旅客及其行李物品进行安全检查,必要时可以从严检查。

已经安全检查的旅客应当在候机隔离区等待登机。

第二十八条　进入候机隔离区的工作人员(包括机组人员)及其携带的物品,应当接受安全检查。

接送旅客的人员和其他人员不得进入候机隔离区。

第二十九条　外交邮袋免予安全检查。外交信使及其随身携带的其他物品应当接受安全检查;但是,中华人民共和国缔结或者参加的国际条约另有规定的除外。

第三十条　空运的货物必须经过安全检查或者对其采取其他安全措施。

货物托运人不得伪报品名托运或者在货物中夹带危险物品。

第三十一条　航空邮件必须经过安全检查。发现可疑邮件时,安全检查部门应当会同邮政部门开包查验处理。

第三十二条　除国务院另有规定的外,乘坐民用航空器的,禁止随身携带或者交运下列物品:

(一)枪支、弹药、军械、警械;

(二)管制刀具;

(三)易燃、易爆、有毒、腐蚀性、放射性物品;

(四)国家规定的其他禁运物品。

第三十三条　除本条例第三十二条规定的物品外,其他可以用于危害航空安全的物品,旅客不得随身携带,但是可以作为行李交运或者按照国务院民用航空主管部门的有关规定由机组人员带到目的地后交还。

对含有易燃物质的生活用品实行限量携带。限量携带的物品及其数量,由国务院民用航空主管部门规定。

第五章　罚　　则

第三十四条　违反本条例第十四条的规定或者有本条例第十六条、第二十四条第一项和第二项、第二十五条所列行为的,由民航公安机关依照《中华人民共和国治安管理处罚条例》有关规定予以处罚。

第三十五条　违反本条例的有关规定,由民航公安机关按照下列规定予以处罚:

(一)有本条例第二十四条第四项所列行为的,可以处以警告或者 3000 元以下的罚款;

(二)有本条例第二十四条第三项所列行为的,可以处以警告、没收非法所得或者 5000元以下罚款;

(三)违反本条例第三十条第二款、第三十二条的规定,尚未构成犯罪的,可以处以5000 元以下罚款、没收或者扣留非法携带的物品。

第三十六条　违反本条例的规定,有下列情形之一的,民用航空主管部门可以对有关单位处以警告、停业整顿或者 5 万元以下的罚款;民航公安机关可以对直接责任人员处以警告或者 500 元以下的罚款:

(一)违反本条例第十五条的规定,造成航空器失控的;

(二)违反本条例第十七条的规定,出售客票的;

(三)违反本条例第十八条的规定,承运人办理承运手续时,不核对乘机人和行李的;

(四)违反本条例第十九条的规定的;

(五)违反本条例第二十条、第二十一条、第三十条第一款、第三十一条的规定,对收运、装入航空器的物品不采取安全措施的。

第三十七条　违反本条例的有关规定,构成犯罪的,依法追究刑事责任。

第三十八条　违反本条例规定的,除依照本章的规定予以处罚外,给单位或者个人造成财产损失的,应当依法承担赔偿责任。

第六章　附　　则

第三十九条　本条例下列用语的含义:

"机场控制区",是指根据安全需要在机场内划定的进出受到限制的区域。

"候机隔离区",是指根据安全需要在候机楼(室)内划定的供已经安全检查的出港旅客等待登机的区域及登机通道、摆渡车。

"航空器活动区",是指机场内用于航空器起飞、着陆以及与此有关的地面活动区域,包括跑道、滑行道、联络道、客机坪。

第四十条 本条例自发布之日起施行。

《公共航空旅客运输飞行中安全保卫工作规则》

第一章 总 则

第一条 为了规范公共航空旅客运输飞行中的安全保卫工作,加强民航反恐怖主义工作,保障民用航空安全和秩序,根据《中华人民共和国民用航空法》《中华人民共和国安全生产法》《中华人民共和国反恐怖主义法》和《中华人民共和国民用航空安全保卫条例》的有关规定,制定本规则。

第二条 本规则适用于中华人民共和国境内设立的公共航空运输企业从事公共航空旅客运输的航空器飞行中驾驶舱和客舱的安全保卫工作。

前款规定的公共航空运输企业及其工作人员和旅客应当遵守本规则。

第三条 中国民用航空局(以下简称民航局)对全国范围内公共航空旅客运输飞行中的安全保卫工作实施指导、监督和检查。

中国民用航空地区管理局(以下简称地区管理局)对本辖区内公共航空旅客运输飞行中安全保卫工作实施指导、监督和检查。

第四条 公共航空运输企业对其从事旅客运输的航空器飞行中安全保卫工作承担主体责任。

第二章 工作职责

第五条 公共航空运输企业应当设立或指定专门的航空安保机构,负责飞行中安全保卫工作。

公共航空运输企业的分公司应当设立或指定相应的航空安保机构,基地等分支机构也应当设立或指定相应机构或配备人员,负责飞行中安全保卫工作。

第六条 公共航空运输企业应当按照相关规定配备和管理航空安全员队伍。

公共航空运输企业应当建立航空安全员技术等级制度,对航空安全员实行技术等级管理。

第七条 公共航空运输企业应当按照相关规定派遣航空安全员。

在航空安全员飞行值勤期,公共航空运输企业不得安排其从事其他岗位工作。

第八条 公共航空运输企业应当建立并严格执行飞行中安全保卫工作经费保障制度。经费保障应当满足飞行中安全保卫工作运行、培训、质量控制以及设施设备等方面的需要。

涉及民航反恐怖主义工作的,应满足反恐怖主义专项经费保障制度的要求。

第九条 公共航空运输企业应当按照相关规定,为航空安全员配备装备,并对装备实施统一管理,明确管理责任,建立管理工作制度,确保装备齐全有效。

装备管理工作记录应当保留12个月以上。

第十条 机长在履行飞行中安全保卫职责时,行使下列权力:

（一）在航空器起飞前,发现未依法对航空器采取安全保卫措施的,有权拒绝起飞；

（二）对扰乱航空器内秩序,妨碍机组成员履行职责,不听劝阻的,可以要求机组成员对行为人采取必要的管束措施,或在起飞前、降落后要求其离机；

（三）对航空器上的非法干扰行为等严重危害飞行安全的行为,可以要求机组成员启动相应处置程序,采取必要的制止、制服措施；

（四）处置航空器上的扰乱行为或者非法干扰行为,必要时请求旅客协助；

（五）在航空器上出现扰乱行为或者非法干扰行为等严重危害飞行安全行为时,根据需要改变原定飞行计划或对航空器做出适当处置。

第十一条　机长统一负责飞行中的安全保卫工作。航空安全员在机长领导下,承担飞行中安全保卫的具体工作。机组其他成员应当协助机长、航空安全员共同做好飞行中安全保卫工作。

机组成员应当按照相关规定,履行下列职责：

（一）按照分工对航空器驾驶舱和客舱实施安保检查；

（二）根据安全保卫工作需要查验旅客及机组成员以外的工作人员的登机凭证；

（三）制止未经授权的人员或物品进入驾驶舱或客舱；

（四）对扰乱航空器内秩序或妨碍机组成员履行职责,且不听劝阻的,采取必要的管束措施,或在起飞前、降落后要求其离机；

（五）对严重危害飞行安全的行为,采取必要的措施；

（六）实施运输携带武器人员、押解犯罪嫌疑人、遣返人员等任务的飞行中安保措施；

（七）法律、行政法规和规章规定的其他职责。

第十二条　旅客应当遵守相关规定,保持航空器内的良好秩序；发现航空器上可疑情况时,可以向机组成员举报。旅客在协助机组成员处置扰乱行为或者非法干扰行为时,应当听从机组成员指挥。

第三章　工作措施

第十三条　公共航空运输企业应当根据本规则及其他相关规定,制定飞行中安全保卫措施,明确机组成员飞行中安全保卫职责,并纳入本单位航空安全保卫方案。

第十四条　公共航空运输企业应当建立并严格执行飞行中安全保卫工作值班制度和备勤制度,保证信息传递畅通,确保可以根据飞行中安全保卫工作的需要调整和增派人员。

第十五条　公共航空运输企业应当按照相关规定,在飞行中的航空器内配备安保资料,包括：

（一）适合本机型的客舱安保搜查单；

（二）发现爆炸物或可疑物时的处置程序；

（三）本机型航空器最低风险爆炸位置的相关资料；

（四）航空器客舱安保检查单；

（五）航班机组报警单；

（六）其他规定的安保资料。

机上安保资料应当注意妥善保管,严防丢失被盗；机组成员应当熟知机上安保资料的存放位置和使用要求。

第十六条 公共航空运输企业应当为航空安全员在航空器上预留座位,座位的安排应当紧邻过道以便于航空安全员执勤为原则,固定位置最长不得超过6个月。

第十七条 公共航空运输企业应当建立航前协同会制度。

机长负责召集机组全体成员参加航前协同会,明确飞行中安全保卫应急处置预案。

第十八条 公共航空运输企业应当建立并严格执行飞行中安全保卫工作执勤日志管理制度。

第十九条 国家警卫对象乘机时,公共航空运输企业应当按照国家相关规定采取飞行中安全保卫措施。

第二十条 携带武器人员、押解犯罪嫌疑人或遣返人员乘机的,公共航空运输企业应当按照国家相关规定,采取飞行中安全保卫措施。

第二十一条 公共航空运输企业应当严格控制航空器上含酒精饮料的供应量,避免机上人员饮酒过量。

第二十二条 航空器驾驶舱和客舱的安保检查由机组成员在旅客登机前、下机后共同实施,防止航空器上留有未经授权的人员和武器、爆炸物等危险违禁物品。

第二十三条 机组成员应当对飞行中的航空器驾驶舱采取保护措施,除下列人员外,任何人不得进入飞行中的航空器驾驶舱:

(一)机组成员;

(二)正在执行任务的民航局或者地区管理局的监察员或委任代表;

(三)得到机长允许并且其进入驾驶舱对于安全运行是必需或者有益的人员;

(四)经机长允许,并经公共航空运输企业特别批准的其他人员。

第二十四条 机组成员应当按照机长授权处置扰乱行为和非法干扰行为。

根据机上案(事)件处置程序,发生扰乱行为时,机组成员应当口头予以制止,制止无效的,应当采取管束措施;发生非法干扰行为时,机组成员应当采取一切必要处置措施。

第二十五条 出现严重危害航空器及所载人员生命安全的紧急情况,机组成员无法与机长联系时,应当立即采取必要处置措施。

第二十六条 机组成员对扰乱行为或非法干扰行为处置,应当依照规定及时报案,移交证据材料。

第二十七条 国内民用航空旅客运输中发生非法干扰行为时,公共航空运输企业应当立即向民航局、企业所在地和事发地民航地区管理局报告,并在处置结束后15个工作日内按照相关规定书面报告民航地区管理局。

航空器起飞后发生的事件,提交给最先降落地机场所在地民航地区管理局;航空器未起飞时发生的事件,提交给起飞地机场所在地民航地区管理局。

国际民用航空旅客运输中发生非法干扰行为时,公共航空运输企业应当立即报告民航局,并在处置结束后15个工作日内将书面报告提交给民航局。

第二十八条 航空安全员应当按照相关规定,携带齐全并妥善保管执勤装备、证件及安保资料。

第二十九条 航空安全员在饮用含酒精饮料之后的8小时之内,或其呼出气体中所含酒精浓度达到或者超过0.04克/210升,或处在酒精作用状态之下,或受到药物影响损及工作能力时,不得在航空器上履行职责。

公共航空运输企业不得派遣存在前款所列情况的航空安全员在其航空器上履行飞行

中安全保卫职责。

第三十条　航空安全员值勤、飞行值勤期、休息期的定义，飞行值勤期限制、累积飞行时间、值勤时间限制和休息时间的附加要求，依照《大型飞机公共航空运输承运人运行合格审定规则》中对客舱乘务员的规定执行。

其中，飞行值勤期限制规定中，航空安全员最低数量配备标准应当执行相关派遣规定的要求。

第三十一条　公共航空运输企业不得派遣航空安全员在超出本规定的值勤期限制、飞行时间限制或不符合休息期要求的情况下执勤。

航空安全员不得接受超出规定范围的执勤派遣。

第四章　培训质量控制

第三十二条　公共航空运输企业应当按照国家民用航空安全保卫培训方案和国家民用航空安全保卫质量控制计划，落实飞行中安全保卫工作的培训和质量控制要求。

公共航空运输企业每年至少应当组织一次驾驶员、乘务员和航空安全员共同参与的飞行中安全保卫实战演练。

第三十三条　公共航空运输企业应当按照相关规定，提供满足机组成员飞行中安全保卫工作培训需要的场所、装备器械、设施、设备、教材、人员及其他保障。

第三十四条　公共航空运输企业应当按照相关规定，组织新招录航空安全员进行实习飞行。

实习飞行应当由经民航局培训的教员指导实施。

第三十五条　公共航空运输企业应当建立飞行中安全保卫业务培训考核机制，并为机组成员建立和保存飞行中安全保卫业务培训记录，该培训记录保存至少36个日历月。

航空安全员不再服务于该企业时，公共航空运输企业应当自其离职之日起，将前款要求的培训记录保存至少12个日历月。航空安全员自离职之日起11个日历月内提出要求时，公共航空运输企业应当在1个日历月之内向其提供飞行中安全保卫培训记录复印件。

第五章　法律责任

第三十六条　公共航空运输企业有下列行为之一的，由地区管理局责令限期改正；逾期未改正的，处以警告或一万元以下罚款：

（一）违反本规则第五条第二款，公共航空运输企业分公司或基地，未按规定设立或指定航空安保机构，配备人员的；

（二）违反本规则第九条第二款，未按规定保存航空安全员装备管理工作记录的；

（三）违反本规则第十五条第一款，未按规定配备齐全安保资料的；

（四）违反本规则第十六条，未按规定为航空安全员在航空器上预留座位的；

（五）违反本规则第三十三条，未按规定提供满足机组成员飞行中安全保卫工作培训需要的场所、装备器械、设施、设备、教材、人员及其他保障的；

（六）违反本规则第三十四条，未按规定组织实习飞行，或从事实习飞行带飞的教员不符合相关规定要求的；

（七）违反本规则第三十五条第二款，未按规定提供航空安全员飞行中安全保卫培训记录复印件的。

第三十七条 公共航空运输企业有下列行为之一的，由地区管理局责令限期改正；逾期未改正的，处以一万元以上三万元以下罚款：

（一）违反本规则第五条第一款，公共航空运输企业未按规定设立或指定专门航空安保机构的；

（二）违反本规则第六条，未按规定配备和管理航空安全员队伍，或未建立航空安全员技术等级制度的；

（三）违反本规则第十三条，未按规定制定飞行中安全保卫措施并将其纳入本单位航空安全保卫方案的；

（四）违反本规则第十四条，未建立有关值班制度和备勤制度或未严格执行的；

（五）违反本规则第十七条第一款，未建立航前协同会制度的；

（六）违反本规则第十八条，未按规定建立飞行中安全保卫工作执勤日志管理制度或未严格执行的。

第三十八条 公共航空运输企业违反本规则第七条第二款，在航空安全员飞行值勤期间，安排其从事其他岗位工作的；由地区管理局责令其停止违法行为，并处以警告或者一万元以下罚款。

第三十九条 公共航空运输企业有下列行为之一的，由地区管理局责令其停止违法行为，处以一万元以上三万元以下罚款：

（一）违反本规则第二十九条第二款，派遣不符合规定的航空安全员在航空器上履行飞行中安全保卫职责的；

（二）违反本规则第三十条、第三十一条第一款，未按规定执行航空安全员飞行值勤期限制、累积飞行时间、值勤时间限制和休息时间的。

第四十条 公共航空运输企业违反本规则第二十七条，迟报、漏报或者隐瞒不报信息的，由民航行政机关予以警告并处以一万元以上三万元以下罚款。

第四十一条 公共航空运输企业违反本规则第七条第一款，未按规定派遣航空安全员的，处以一万元以上三万元以下罚款；未按规定派遣航空安全员，且造成事故隐患的，由民航行政机关依据《中华人民共和国安全生产法》第九十九条责令公共航空运输企业立即消除或者限期消除；公共航空运输企业拒不执行的，责令停产停业整顿，并处十万元以上五十万元以下的罚款，对其直接负责的主管人员和其他直接责任人员处二万元以上五万元以下的罚款。

第四十二条 公共航空运输企业违反本规则第八条第一款，不能保证飞行中安全保卫工作经费，致使公共航空运输企业不具备安全运行条件的，由民航行政机关依据《中华人民共和国安全生产法》第九十条责令限期改正，提供必需的资金；逾期未改正的，责令停产停业整顿。

第四十三条 公共航空运输企业违反本规则第八条第二款、第九条第一款，安保经费保障未达到反恐怖主义工作专项经费保障制度相关要求的，或未按规定配备安保人员和相应设备设施，由具有管辖权公安机关，按照《中华人民共和国反恐怖主义法》第八十八条给予警告、并责令改正，拒不改正的，处十万元以下罚款，并对其直接负责的主管人员和其他直接责任人员处一万元以下罚款。

第四十四条　公共航空运输企业有下列情形之一的,由民航行政机关依据《中华人民共和国安全生产法》第九十四条责令公共航空运输企业限期改正,可以处五万元以下罚款;逾期未改正的,责令停产停业整顿,并处五万元以上十万元以下罚款,对其直接负责的主管人员和其他直接责任人员处一万元以上二万元以下罚款:

（一）违反本规则第三十二条第一款,未进行航空安保培训的;

（二）违反本规则第三十二条第二款,未按规定组织飞行中安全保卫实战演练的;

（三）违反本规则第三十五条第一款,未如实记录航空安保培训情况的。

第四十五条　机组成员违反本规则第十一条、第十五条第二款、第十七条第二款、第二十二条、第二十三条、第二十九条第一款,未按照本规则规定履行安全保卫职责的,由地区管理局处以警告或一千元以下罚款。

第四十六条　航空安全员有下列行为之一的,由地区管理局处以一千元以下罚款:

（一）违反本规则第二十八条,未按规定携带齐全、妥善保管执勤装备和安保资料的;

（二）违反本规则第三十一条第二款,接受超出规定范围的执勤派遣。

航空安全员违反本规则第二十八条未按规定携带证件,按照《中华人民共和国民用航空法》相关规定进行处罚。

第四十七条　旅客违反本规则有关规定,由具有管辖权的公安机关依据《中华人民共和国治安管理处罚法》给予处罚。

第四十八条　对公共航空运输企业的行政处罚、行政强制等处理措施及其执行情况记入守法信用信息记录,并按照有关规定进行公示。

第六章　附　　则

第四十九条　本规则使用的部分术语定义如下:

飞行中,是指航空器从装载完毕、机舱外部各门均已关闭时起,直至打开任一机舱门以便卸载时为止。航空器强迫降落时,在主管当局接管对该航空器及其所载人员和财产的责任前,应当被认为仍在飞行中。

机组成员,是指在飞行中民用航空器上执行任务的驾驶员、乘务员、航空安全员和其他空勤人员。

航空安全员,是指为了保证航空器及其所载人员安全,在民用航空器上执行安全保卫任务,具有航空安全员资质的人员。

非法干扰行为,是指危害民用航空安全的行为或未遂行为,主要包括:

（一）非法劫持航空器;

（二）毁坏使用中的航空器;

（三）在航空器上或机场扣留人质;

（四）强行闯入航空器、机场或航空设施场所;

（五）为犯罪目的而将武器或危险装置、材料带入航空器或机场;

（六）利用使用中的航空器造成死亡、严重人身伤害,或对财产或环境的严重破坏;

（七）散播危害飞行中或地面上的航空器、机场或民航设施场所内的旅客、机组、地面人员或大众安全的虚假信息。

扰乱行为,是指在民用机场或在航空器上不遵守规定,或不听从机场工作人员或机组

成员指示,从而扰乱机场或航空器上良好秩序的行为。航空器上的扰乱行为主要包括:

(一)强占座位、行李架的;

(二)打架斗殴、寻衅滋事的;

(三)违规使用手机或其他禁止使用的电子设备的;

(四)盗窃、故意损坏或者擅自移动救生物品等航空设施设备或强行打开应急舱门的;

(五)吸烟(含电子香烟)、使用火种的;

(六)猥亵客舱内人员或性骚扰的;

(七)传播淫秽物品及其他非法印制物的;

(八)妨碍机组成员履行职责的;

(九)扰乱航空器上秩序的其他行为。

第五十条 本规则自2017年3月10日起施行。2016年4月4日起施行的《公共航空旅客运输飞行中安全保卫工作规则》(交通运输部令2016年第5号)同时废止。

《航空安全员合格审定规则》

第一章 总 则

第一条 为了保证民用航空安全,规范航空安全员的合格审定工作,根据《中华人民共和国民用航空法》《中华人民共和国行政许可法》《中华人民共和国反恐怖主义法》《中华人民共和国民用航空安全保卫条例》和《国务院对确需保留的行政审批项目设定行政许可的决定》(国务院令第 412 号),制定本规则。

第二条 在中华人民共和国注册的公共航空运输企业所运营的航空器上航空安全员的资格审查及其执照的申请、颁发、监督管理适用本规则。

第三条 中国民用航空局(以下简称民航局)负责全国航空安全员合格审定工作的监督管理。

中国民用航空地区管理局(以下简称地区管理局)负责本地区航空安全员合格审定工作,包括资格审查、执照颁发和监督管理等工作。

第四条 本规则使用的部分术语定义如下:

(一)航空安全员,是指为了保证航空器及其所载人员安全,在民用航空器上执行安全保卫任务,持有本规则规定的有效执照的人员。

(二)教员,是指对本规则要求的训练实施教学的人员。

(三)考官,是指对本规则要求的训练实施考试考核的人员。

第五条 航空安全员实行执照管理制度。未持有按本规则颁发的有效执照的人员,不得担任航空安全员。

第六条 航空安全员在履行岗位职责时应当随身携带有效执照及按民用航空人员体检合格证管理相关规定颁发的有效的体检合格证。

第二章 执照的管理

第七条 申请航空安全员执照应当具备下列条件:

(一)年满 18 周岁的中国公民;

(二)身体健康;

(三)男性身高 1.70—1.85 米,女性身高 1.60—1.75 米;

(四)具有高中毕业以上文化程度;

(五)具有良好的政治、业务素质和品行;

(六)自愿从事航空安全员工作;

(七)完成相应的训练并通过考试考核;

(八)民航行业信用信息记录中没有严重失信行为记录。

第八条 申请航空安全员执照,应当向地区管理局提交下列材料:

（一）身份证复印件；

（二）毕业证书复印件；

（三）符合要求的体检合格证复印件；

（四）航空安全员初任训练合格证明；

（五）客舱应急训练合格证明；

（六）由申请人所在单位按照民航背景调查规定出具的申请人背景调查证明；

（七）民航局规定的其他材料。

第九条 对于申请材料不齐全或者不符合法定形式的，地区管理局应当当场或者在5个工作日内一次告知申请人需要补正的全部内容。逾期不告知的，自收到申请材料之日起即为受理。

申请人申请材料齐全、符合法定形式，或者申请人按照地区管理局要求提交全部补正申请材料的，地区管理局应当受理申请。

第十条 地区管理局应当在受理申请之日起20个工作日内作出行政许可决定。20个工作日内不能作出决定的，经地区管理局负责人批准，可以延长10个工作日，并应当将延长期限的理由告知申请人。

地区管理局对申请材料进行核实时，申请人应当及时主动配合。

第十一条 申请人的申请符合条件的，地区管理局应当依法为其颁发航空安全员执照。

地区管理局依法作出不予行政许可的书面决定的，应当说明理由，并告知申请人享有依法申请行政复议或者提起行政诉讼的权利。

第十二条 航空安全员执照由地区管理局局长或者其授权人员签署颁发，并加盖本行政机关印章。

第十三条 申请人在获得航空安全员执照后方可进行实习飞行，实习飞行不少于60小时。实习飞行结束后，由教员实施考核，并由申请人所在单位向颁发执照的地区管理局提交实习飞行考核报告。

实习飞行应当自获得执照之日起180日内完成。

第十四条 申请人实习飞行考核合格的，地区管理局应当自收到实习飞行考核报告之日起20个工作日内对其执照进行实习飞行考核签注。

第十五条 申请变更执照姓名的，申请人应当向颁发执照的地区管理局提交书面变更申请，并附有效执照、有效体检合格证和更名前后的身份证等复印件。

申请变更工作单位信息的，申请人应当向现工作单位所在地区管理局提交书面变更申请，申请材料应当包括执照持有人有效执照、有效体检合格证和现工作单位的劳动关系证明。

申请人符合条件的，地区管理局按照本规则第十条至第十二条的有关规定为其办理执照变更手续。

第十六条 执照遗失或者损坏后，执照持有人申请补发或者换发的，应当向颁发执照的地区管理局提交书面申请。申请应当写明原执照所载明的基本信息。换发执照的，应当在领取新执照的同时交回原执照。

第十七条 有下列情形之一的，地区管理局应当依法办理执照的注销或者收回手续：

（一）执照被撤销或者吊销的；

（二）执照持有人达到国家法定退休年龄的；

（三）执照持有人放弃执照权利的；

（四）执照持有人未按规定完成训练且未予补正致使执照失效的；

（五）执照持有人连续15个月以上未履行航空安全员岗位职责或者重获资格训练未通过考试考核，致使执照失效的；

（六）法律、法规规定的其他情形。

第十八条　有下列情形之一的，执照持有人所在单位不得安排其继续履行航空安全员岗位职责：

（一）执照持有人正在接受刑事调查或者有未终结的刑事诉讼的；

（二）执照持有人连续12个月以上且未超过15个月未履行航空安全员岗位职责的；

（三）执照持有人在航空器上执行任务过程中，因未履行岗位职责造成严重后果、事故征候或者事故的。

执照持有人有前款第三项规定的情形的，认定为严重失信行为，记入民航行业信用信息记录。

第三章　训练及考试考核要求

第十九条　航空安全员的训练种类包括初任训练、定期训练、日常训练、重获资格训练和执行岗位任务所必需的其他相关训练。

第二十条　从事航空安全员训练活动的机构应当具有相应的基础设施和教学、行政及辅助人员，按要求组织实施相关训练。

航空安全员训练机构按照民航局制定的相关标准实施自评，符合承训条件的机构可以向民航局提交自评报告，并报民航局备案。

第二十一条　航空安全员训练机构应当对自评报告及备案材料的真实性负责。

第二十二条　民航局将航空安全员训练机构予以备案后，应当对外公示。

第二十三条　航空安全员的初任训练和定期训练应当由训练机构组织实施。训练机构应当建立和保管训练台账记录。

第二十四条　执照申请人的初任训练要求如下：

（一）初任训练按民航局规定的训练大纲要求进行，包括理论学习和体、技能训练，初任训练采取集中脱产方式，训练持续时间不少于60日，总小时数不少于480小时；

（二）初任训练考试考核合格者由航空安全员训练机构出具合格证明，合格证明有效期为颁发之日起6个月。

第二十五条　定期训练要求如下：

（一）执照持有人自首次取得执照之日起每36个月内应当完成定期训练及考试考核，由考官对其执照进行训练记录更新；

（二）定期训练按民航局规定的训练大纲要求进行，包括理论学习和体、技能训练，定期训练采取集中脱产方式，训练持续时间不少于20日，总小时数不少于160小时；

（三）执照持有人在按本条第一项规定的到期日之后1个月内完成训练，视为在到期日之前完成；

（四）未在规定时间内完成定期训练的执照持有人可以申请补正，但应当自规定时间到期之日起3个月内完成补正,补正训练及考试考核仅可申请1次。

第二十六条 日常训练要求如下:

(一)执照持有人自取得执照之日起每12个月内应当完成日常训练及考试考核,由教员对其执照进行训练记录更新;

(二)日常训练按民航局规定的训练大纲要求进行,包括理论学习和体、技能训练,由教员集中组织实施,日常训练时间每季度不少于24小时;

(三)日常训练的台账记录由组织实施部门负责保管,保管期限不得少于3年。

第二十七条 除初任训练、定期训练、日常训练内容外,执照持有人还应当根据《大型飞机公共航空运输承运人运行合格审定规则》(CCAR121)参加下列训练,并通过相应的考试考核:

(一)规定的客舱应急训练、危险品训练;

(二)根据执行岗位任务需要,参加必要的转机型训练,高原机场、极地航线等特殊航线培训。

执照持有人所在单位应当为前款规定的训练建立台账记录,保管期限不得少于3年。

第二十八条 执照持有人连续12个月以上且未超过15个月未履行航空安全员岗位职责的,在其参加重获资格训练并通过考试考核后方可履行航空安全员岗位职责。重获资格训练按照本规则关于定期训练要求执行。

第四章 监督管理

第二十九条 执照申请人在申请材料中隐瞒有关情况或者提供虚假信息的,地区管理局不予受理或者不予许可;自该行为发现之日起1年内不得申请本规则规定的执照;已取得执照的,由颁发执照的地区管理局撤销其执照。

第三十条 在本规则规定的各类训练考试考核中作弊并取得执照的申请人或者持有人,自作弊行为发现之日起3年内不得申请本规则规定的执照;已取得执照的,由颁发执照的地区管理局撤销其执照。

第三十一条 训练机构在备案过程中提供虚假材料或者民航局检查发现训练机构不具备规定的训练条件的,由民航局对外公示其不具备训练能力。

第五章 法律责任

第三十二条 违反本规则第五条、第六条规定,未持有或者携带有效执照履行航空安全员岗位职责的,地区管理局可以对其处以警告或者200元以上1000元以下的罚款,并可以对其所在单位处以警告或者1万元以上3万元以下的罚款。

第三十三条 执照申请人或者持有人在申请材料中隐瞒有关情况或者提供虚假信息的,或者伪造、篡改执照的,地区管理局可以对其处以警告或者200元以上1000元以下的罚款。

执照申请人或者持有人所在单位有前款所列行为的,地区管理局可以对其处以警告或者1万元以上3万元以下的罚款。

第三十四条 执照持有人所在单位对具有本规则第十八条所列情形的执照持有人安

排其继续履行航空安全员岗位职责的,地区管理局可以对执照持有人所在单位处以警告或者 1 万元以上 3 万元以下的罚款。

第三十五条 违反本规则第二十三条、第二十六条、第二十七条,相关单位未按规定建立、保管训练台账记录或者篡改、伪造台账记录的,地区管理局可以对其处以警告或者 1 万元以上 3 万元以下的罚款。

第三十六条 违反本规则第二十五条至第二十八条,执照持有人未在规定时间内完成训练且未予补正而继续履行航空安全员岗位职责的,地区管理局可以对其处以 200 元以上 1000 元以下的罚款,并按照本规则第十七条的规定处理。

有前款规定情况的,地区管理局可以对执照持有人所在单位处以警告或者 1 万元以上 3 万元以下的罚款。

第三十七条 执照持有人在航空器上执行任务过程中,因未履行岗位职责造成严重后果、事故征候或者事故的,地区管理局可以对其处以警告或者 200 元以上 1000 元以下的罚款。

第六章 附 则

第三十八条 对航空安全员及其所在单位以及训练机构的撤销许可、行政处罚、行政强制等处理措施及其执行情况记入民航行业信用信息记录,并按照有关规定进行公示。

第三十九条 本规则自 2019 年 1 月 1 日起施行。原民航总局于 2007 年 4 月 1 日公布的《航空安全员合格审定规则》(民航总局令第 184 号)同时废止。

[1] 全国体育院校教材委员会.中国武术教程(下册)[M].北京:人民体育出版社,2004.
[2] 刘云峰.警察防卫与控制技术[M].北京:中国政法大学出版社,2011.
[3] 杜振高.格斗与控制[M].北京:北京体育大学出版社,2018.
[4] 田麦久.运动训练学[M].北京:高等教育出版社,2000.
[5] 朱瑞琪,王华锋,张明廷,等.武术散打教程[M].北京:北京体育大学出版社,2012.
[6] 邓树勋,王健,乔德才,等.运动生理学[M].3版.北京:高等教育出版社,2015.
[7] 王振华.徒手防卫与控制[M].北京:中国人民公安大学出版社,2009.
[8] P.A.F.H.伦斯特伦.运动损伤预防与治疗的临床实践[M].王安利,译.北京:人民体育出版社,2006.
[9] 任玉衡.运动创伤诊疗康复手册[M].北京:人民体育出版社,2007.